幼保英語検定

Level 3 級テキスト

【著者】 一般社団法人 幼児教育・保育英語検定協会

BOOKFORE
ブックフォレ
株式会社ブックフォレ

目次

目次

目次

目次

本書英会話本文音声データーをダウンロードできます。ホームページ専用ページよりダウンロードください。

HP https://bookfore.co.jp/glh/download/

幼児教育・保育英語検定協会（略称：幼保英語検定協会）

幼児教育、保育環境の国際的なグローバル化に対応できる幼稚園教諭及び保育士等幼児教育者養成の一環として、全国の幼稚園・保育園並びに幼稚園教諭・保育士養成学科を有する大学・短大及び専門学校と連携・協力して、幼保英語検定の実施を通し必要な実用的な英語の習得及び向上に資するため、英語の能力を判定し、またさまざまな活躍の機会を拡げその能力を養成することにより、日本の幼児教育、保育現場の向上に寄与することを目的としています。

また、諸外国における乳幼児教育分野の研究成果等を日本に紹介し、乳幼児教育分野の発展に寄与する活動にも積極的に取り組むことを目的とします。

幼児教育・保育英語検定（略称：幼保英語検定）

特色

幼保英語検定は、幼稚園、こども園及び保育園等幼児教育施設において、英語でのコミュニケーション力の習得状況を知り、さらに向上させる機会となります。乳幼児との会話、園内の教育・保育に焦点をあて、現場に即した実用的な英語を習得できることが大きな特色です。

園内教育・保育及び保護者との日常会話から連絡・交流に必要な題材まで、受検者の学習を考慮し工夫した内容になっており、楽しみながら知識を深められる構成となっています。「入門レベル」から責任者として活躍できる「専門レベル」までの5段階で構成されており、英語力の向上が実感できます。資格を取得すると、幼児教育、保育分野で幅広く活用することができ、幼児教育、保育環境の国際的なグローバル化に対応できる実用的な英語を取得できます。

About Youho Eigo Kentei

Youho Eigo Kentei (Test of English for Early Childhood Educators) is designed for early childhood educators based on the daily routines and annual curriculum of Japanese preschools and kindergartens. This test is administered by Youho Eigo Kentei Kyokai (Organization of English for Early Childhood Educators). The test gives test takers a guideline to increase their language and comprehension levels, of both Japanese and English, by focusing on early childhood education, assessing reading, writing, listening, and speaking skills. We work closely with over 200 universities, colleges, technical schools, and high schools in Japan that have early childhood education departments. We also work with universities and Japanese schools overseas for non-native Japanese speakers who want to improve their professional skills. The test certificate shows that the person designated possesses the English proficiency level of the grade in which he or she has been certified.

本書について

本書は、幼保英語検定3級のテキストです。

本書は、「登園」から「帰りの時間」までの9つの章と「乳児保育」、「音楽発表会」の計11章で、各章とも、保護者・園児との会話、各種文章作成と参考資料から構成されています。

会話文は、先生と保護者との会話、先生と園児との会話から成り立っており、各会話は、左のページに日本語による会話を記載し、右のページに英訳を記載しています。幼保英語検定３級の目安は、中学卒業程度です。

本書の特色

日本における保育、幼児教育現場に即した内容を前提としています。また、本文では取りあげられていない単語も関連性の高いものは学習のために記載しています。

園での日常活動で使われる英語や英語表現を身につけることができるよう工夫しており、紹介シーンも、日本の習慣や行事など、日本での園児の保育を前提としています。

① 説明や解説の文章の中に記載している英語の表記には、「　」（カギカッコ) をつけています。「　」（カギカッコ）は日本語の文章の会話文を表記する方法として使われ、文中の英語には通常、“”（クォーテーション）や斜体で区別しますが、「　」（カギカッコ）は区別が明確にしやすいため、本書では説明や解説の際に日本語及び英語のイディオムや単語の区分方法として採用しています。

② 人物の呼称は、英語圏では園児はファーストネームを使い、先生や保護者などにはMr.、Mrs.、Ms.をつけて使いますが、日本の生活慣習から違和感を生じないよう、英会話文でも、園児は「○○-kun、○○-chan」、先生は「○○-sensei」、保護者には「〇〇-san」と表現しています。

本書を十分に学習され、早期に幼保英語検定３級に合格されることを祈念しております。

バーチャル園の紹介

本書では、実際の園での会話をイメージできるよう、バーチャル幼児教育施設を設定しています。

園名　フォレガーデン園

所在地	東京都港区麻布２丁目
最寄駅	北東線麻布駅徒歩10分
避難場所	有栖川山公園
電話	03－987－9876　メール azabu2@ac.ko.jp
園の紹介	0歳児より未就学児まで
	乳児１歳児未満　10名
	2歳児未満　15名
	2歳児　15名
	3歳児　20名
	4歳児　20名
	5歳児各　30名
園の内容	2階建て、保健室、園庭、プール、調理室、屋上広場あり
主な登場人物	園長　山田　けいこ
	保育士　鈴木　よしこ
	幼稚園教諭　川村　さおり
	ネイテイブ　キャロリン

園児	誕生日	父	母	兄弟・姉妹
荒木　たえこ	4月3日生	太郎	文子	
小野　ひろし	4月8日生	健	ますみ	妹　陽菜（8か月）
佐々木 えり	11月19日生	光	—	兄　太郎（6歳）
田中　こういち	11月30日生	—	和子	
戸張　れいこ	3月10日生	伸一	ジョウイ（米国人）	

お断り

本書に設定している園の規模、内容は幼保英語を学習しやすいよう想定しているので、幼稚園及び保育園の開園基準、職員数、提供すべき教育内容、給食を含む衛生設備等については法的条件を前提としておりませんので、あらかじめご了承ください。

第1章　登園

Chapter 1　Going to School

シーン1	入園手続き	Admissions Process
シーン2	初めての登園	The First Day of School
シーン3	元気がない	Not Feeling Good
シーン4	遅刻しました	Arriving Late at School
シーン5	パパと一緒	With Daddy
シーン6	素敵な靴ね！	Nice Shoes!
シーン7	朝の会	Morning Circle Time
シーン8	出席を取ります	Taking Attendance

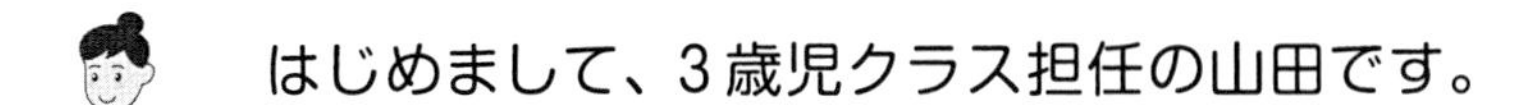

入園手続き

はじめまして、３歳児クラス担任の山田です。

はじめまして。荒木です。

入園の手続き書類はこれでよろしいでしょうか？

ありがとうございます。はい、ではお預かりして、確認してみます。

アレルギーは、何もないようでよかったです。

来月８日で、満３歳ですね。

成長も標準以上ですね。

お子さんを普段はどのようにお呼びになっていますか？

たえちゃんと、呼んでいます。

そうですか。では、わたしたちもたえちゃんとお呼びします。

お預かりするにあたり、ご質問や事前に、私共が知っておいた方がよいことはありますか？

いろんなことに興味を持っていて、特に絵本に夢中なんです。

その分、お友達と一緒に遊ぶのになじめないんじゃないかと不安に思っています。

Vocabulary

入園手続き書類 admission documents

アレルギー allergy　　**質問** question

Admissions Process

Nice to meet you, I'm Ms. Yamada, the teacher of the 3-year-old class.

Nice to meet you, too. I'm Mrs. Araki.

Do these admission documents look okay?

Thank you. I'll take a look at them.

It's good that she doesn't have any allergies.

So, she is going to be 3 on the 8th of next month.

I see her development is above average.

What do you normally call her?

I call her 'Tae-chan'.

I see. Then we will call her 'Tae-chan' too.

Do you have any questions or anything you would like us to know before she starts school?

She is interested in a lot of things especially picture books.

So, I'm concerned whether she will get along with her friends.

Point 1 "be interested in"（～ に興味をもつ）

interest という動詞は～に興味を持たせるという違う意味になってしまいます。

ここでは「～ に興味がある」と表現する場合、＜ be ＋ interested in ＞というフレーズを学習しましょう。話の主人公によって He is interested in~、They are interested in ～ と be 動詞を合わせて使ってみましょう。

Point 2 "get into ～"（[趣味や本など] に興味を持つ、夢中になる）

Point 3 "get along with ～"（～ と仲良くする、仲良くやっていく）

例文の「友達と」のように目的語がある場合は必ず with をつけて使いましょう。ただし、主語なく Get along with you! と命令文にしてしまうと、「あっち行け！」という穏やかでない意味になってしまうので注意してください。

初めての登園

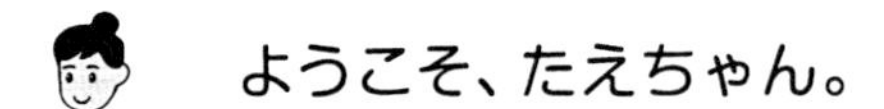

ようこそ、たえちゃん。

こんにちは。

上手にご挨拶ができたね。

来週から、ここで、たくさんのお友達と一緒にいろんな絵本を読んだり、遊んだりしましょうね。

わたし、チム・チム・チェリーの歌が好きなの。

あら、メリーポピンズに出てくる歌ね。たえちゃんはメリーポピンズが好きなの？

そうなんですよ。1歳のころからメリーポピンズの DVD にはまっちゃって、何度も飽きることなく見てるんですよ。

メリーポピンズは、とても素晴らしい映画ですから、好きなお子さんは多いですよ。

園でも、メリーポピンズの歌をいくつも流して、みんなで一緒に歌っています。

たえちゃん、楽しみね！

大好きな曲が聴けるんですって！

Vocabulary

遊ぶ play

～の頃から since

～の音 楽をかける play ～ on

楽しみ exciting

～できる be able to ～

The First Day of School

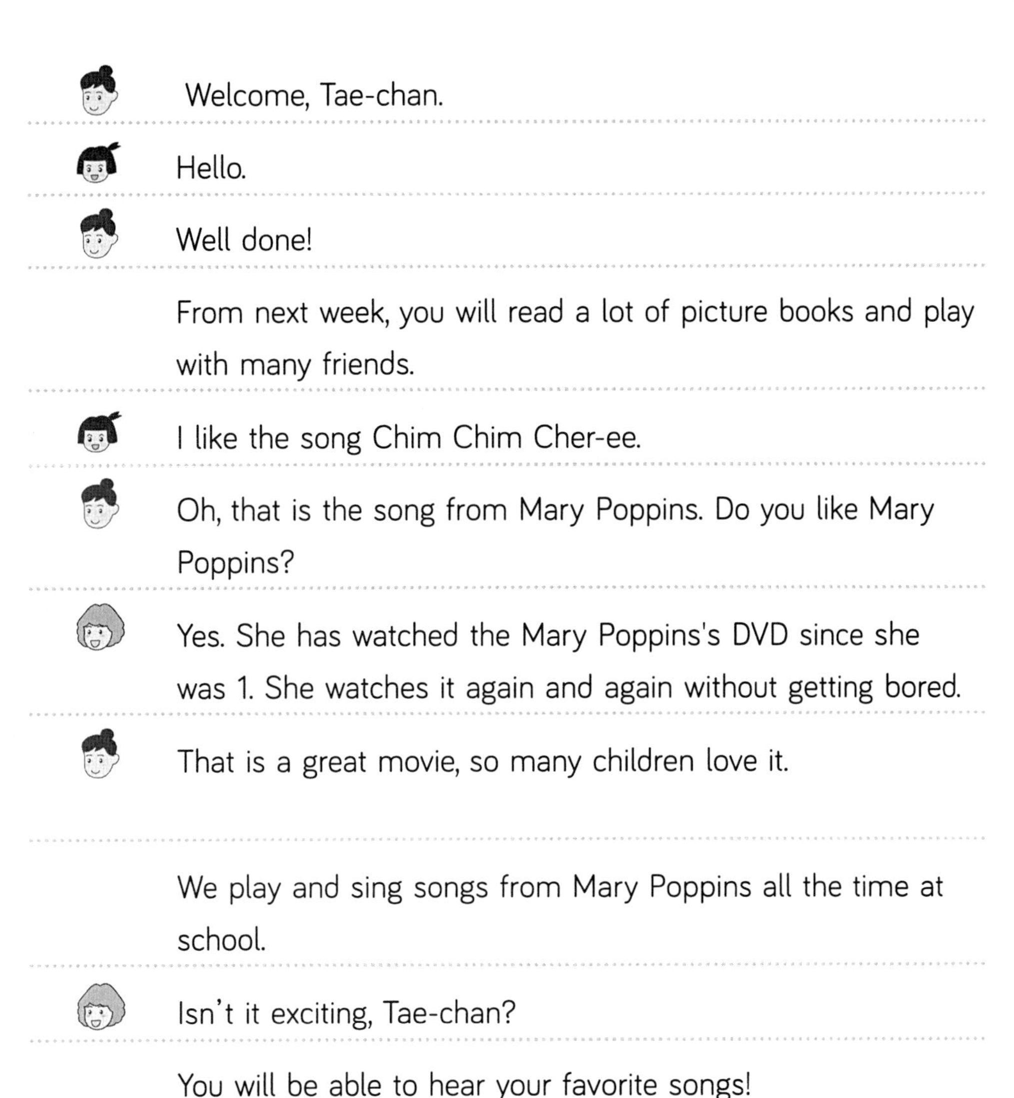

Welcome, Tae-chan.

Hello.

Well done!

From next week, you will read a lot of picture books and play with many friends.

I like the song Chim Chim Cher-ee.

Oh, that is the song from Mary Poppins. Do you like Mary Poppins?

Yes. She has watched the Mary Poppins's DVD since she was 1. She watches it again and again without getting bored.

That is a great movie, so many children love it.

We play and sing songs from Mary Poppins all the time at school.

Isn't it exciting, Tae-chan?

You will be able to hear your favorite songs!

Point 1 "without getting bored" （飽きることなく）

get bored with ～で､「～ に飽きる」という表現です。例文では＜without＋Ving（動名詞）＞「～ することなしに」を使うことで「飽きることなしに」という意味になります。

元気がない

おはよう。あら、どうしたの？

元気ないわね。大丈夫?

昨日から咳をしているんです。

もしかしたら、風邪をひいてしまったかな？熱はありますか？

いいえ、熱はありません。念のため、マスクをつけさせていいですか？

はい、もちろんです。

もし、保育中に体調が悪くなるようでしたら、ご自宅に連絡してよろしいですか？

はい、お願いします。もし、わたしや主人が留守でも、手伝いのものが分かるようにしておきますので。

Vocabulary

～に見える look ～

風邪をひく catch a cold

身につける wear

気分が悪い sick

咳をする cough

熱 fever

マスク mask

昨晩 last night

～かどうか if ～

もちろん of course

Not Feeling Good

Good morning. Oh, what's wrong?

You don't look well. Are you okay?

She's been coughing since last night.

Maybe she caught a cold? Does she have a fever?

No, she doesn't have a fever. Just in case, is it okay for her to wear her mask?

Yes, please.

If she starts to feel not well during class, would it be okay to contact you at home?

Yes, please do. Even if my husband and I are out, I will make sure that our helper can come get her.

Point 1　"You don't look well."　（元気ないね）

look ～ で「～ のように見える、～ のようだ」という意味を表します。

Point 2　"Is it okay for her to wear her mask?"　（［彼女に］マスクをつけさせていいですか？）

Is it okay ～ で「～ して構いませんか？大丈夫ですか？」と表現ができますので、何かを使いたいときなど Is it okay to use this? など＜to＋動詞の原形＞で表現をしてみましょう。

遅刻しました

（チャイムの音）

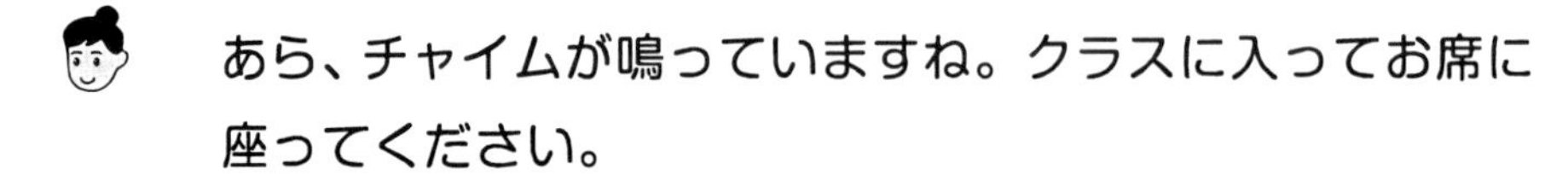

あら、チャイムが鳴っていますね。クラスに入ってお席に座ってください。

たえちゃんのお顔が見えないわね。

おはようございます。遅刻して申し訳ありません。寝坊してしまいました。

あら、たえちゃん、どうしたの？なぜ泣いてるの？

あ、遅刻をしたので、泣いているんです。

先生、遅刻してごめんなさい。

泣くことないのよ。涙を拭いて、さあ、教室に入りましょうね。

心配いりませんから。大丈夫ですよ。

ありがとうございます、わかりました。

たえちゃん、がんばってね。

Vocabulary

遅れた late　　**寝坊する** oversleep（**過去形** overslept）

泣く cry　　**なぜなら** because　　**～しなければならない** have to ～

拭く wipe　　**心配する** worry

Arriving Late at School

(School bell sound)

Oh, the school bell is ringing. Please come back to the classroom and sit in your seats.

I can't find Tae-chan.

Good morning. I'm sorry, we're late. We overslept.

Oh, what's the matter, Tae-chan? Why are you crying?

Oh, she is crying because we are late.

I'm sorry sensei, I came to school late.

You don't need to cry. Let's wipe your tears and go to the classroom.

Please don't worry. She will be fine.

Okay, thank you.

Enjoy your day, Tae-chan.

Point 1 "What's the matter?" （どうしたの？）

What's the matter? と What's the matter with you?の表現の違いついて

-What's the matter?
保護者や先生が状況に心配して、声をかけるときに使われることが多い。

A parent or teacher speaking to a child in a kind gentle way and want to help and support.

状況の例：園庭で園児が一人でメソメソ泣いている場合
日本語訳「どうしたの、だいじょうぶ?」

-What's the matter with you?
保護者や先生がイライラしながら子どもに話すときなどでも使わることが多い。

A parent or teacher speaking to a child when they are irritated.

状況の例:かんしゃくを起こして床にひっくり返って泣きわめいている子どもがいる場合
日本語訳「あなた、いったいどうしちゃったの?(まったくもー(怒)」

パパと一緒

おはよう。わあ！今日はパパと一緒なのね。

はい、今日はパパが会社お休みなんだ！

よかったわね。今日は、にこにこして元気なのはそのせいね！

じゃあ、お迎えもお父様ですか？

はい、用事があって出かけるのですが、お迎えの時間には間に合うと思うので、わたしが来るつもりです。

降園の時間は一応決まっているのですが、多少前後することがありますから、予定時間より少し前に来て待っていただけますか。

わかりました。じゃ、ひろし、頑張れよ。バイバイ。

バイバイ。

Vocabulary

パパ daddy
〜を迎えに行く pick 〜 up
幸せな happy
今日 today
来る come
休んでいる be off

With Daddy

Good morning. Wow! You are with your daddy today.

He's off from work!

That's nice. That's why you look so happy and smiley today!

So, are you going to pick him up, too?

Yes, I am. I have some stuff to do but I should be able to finish by pick-up time, so I'm coming.

We have a fixed pick-up time but occasionally it changes. So, it would be good if you could come a little early and wait.

All right. Have fun, Hiroshi. Bye.

Bye.

Point 1 **"Are you going to pick him up, too?"　（お迎えもあなた［お父様］ですか？）**

pick ～ up で「～」の部分に、人や物を入れて、「物」の場合には「拾い上げる」、「人」の場合には「迎えに行く」という意味を表します。

Point 2 **occasionally　（たまに）**

occasionally は頻度を表す副詞です。sometimes より頻度が少ない時に使うことができます。

素敵な靴ね！

先生、わたしの靴見て！

あら、なんて素敵な靴なの！

ありがとう！今まで履いていた靴が小さくなったから、ママが買ってくれたの。

いいわね！あれ、靴にお名前が書いてないわね。

あ！ママにお名前書いてって言うの忘れちゃいました。

大丈夫よ。後で、先生が書いてあげるね。

お靴はいつもの下駄箱にいれて、上履きに履き替えてきてね。

Vocabulary

買った bought (buy **の過去形**)

忘れた forgot (forget **の過去形**)

おもしろい interesting　**後で** later

新しい new　**書く** write

Nice Shoes!

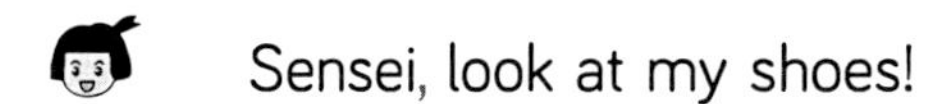

Sensei, look at my shoes!

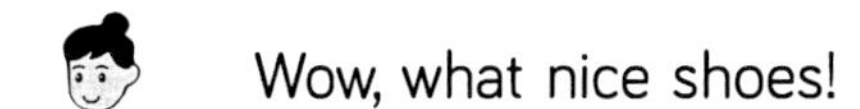

Wow, what nice shoes!

Thank you! My old shoes got small, so my mommy bought them for me.

How nice! Oh, but there is no name on them.

Oh no! I forgot to ask mommy to write my name on them.

That's okay. I can write it for you later.

Put your shoes in your shoebox and change to your inside shoes.

Point 1 "What nice shoes!" （なんて素敵な靴なの！）

What ～！で「なんて・・・な～なんだ！」という意味を表します。これを感嘆文といいます。

感嘆文は、文頭に What を用いる場合と、How を用いる場合があります。

What は　<What＋(a/an)＋形容詞＋名詞＋S＋V！>

What a big ship this is!（これはなんて大きな船なんでしょう！）

How は　<How＋形容詞/副詞＋S＋V！>

How big this ship is!（この船はなんて大きいのでしょう！）［船の大きさを強調している］

朝の会

では、皆さん、自分のお席に座ってください。

お席に着いたら、お友達とおしゃべりしないで、先生の方を向いてください。

いつものように、手はお膝の上ですよ。

えりちゃん、机の上にはまだ何も置きませんよ。

では、みんなで、朝のあいさつをしましょう。おはようございます。

おはようございます。

今日もみんな元気ですか？

はい！

熱がある人やお腹が痛い人はいませんか？

いません！

Vocabulary

座る sit down	**～を見る** look at ～	**膝** lap
言う say	**熱** fever	**腹痛** stomachache

Morning Circle Time

 Okay everybody, please sit down in your seat.

When you are at your seat, no talking with your friends and look at me.

Hands on your lap, like always.

Eri-chan, don't put anything on your desk yet.

So, let's say "Good morning" together. Good morning.

 Good morning.

 How are you all today?

 Great!

 Does anyone have a fever or a stomachache?

 No!

Point 1 **"Please sit down in your seat."（お席に座ってください。）**

文頭に「あなたは」を言わずに「動作をする」もしくは「しない」ことを指示する文章を命令文「～しなさい、～してはいけません」といいます。

この命令文に、Please を加えると命令文が「～してください、～しないでください」の丁寧な依頼を表す表現となります。例文は、sit down(座る)の前に please をつけて、「お席についてください」という意味を表しています。

Point 2 **"Let's say 'Good morning' together."（みんなで朝の挨拶をしましょう。）**

Let's ～で「～しましょう。」という意味を表し、相手を誘う文になります。ちなみに、Let's は「Let us」の短縮形です。Let's ～と誘われた時は、同意ならば Yes, let's. または Alright と答えます。

Point 3 **"Does anyone have a fever or a stomachache?"（お熱がある人やお腹が痛い人はいませんか。）**

＜have ～病名＞は、直訳すると「(病気を)持っている」という意味になり、分かりやすく言うと「(病気)である」という意味になります。

出席を取ります

みなさん、先生の方を見てくださいね。はい、よくできました。

これから、出席をとります。お名前が呼ばれたら、大きな声で返事をしてください。たえちゃん。

はーい。

先生、たえちゃん、マスクしています。

そうですね。たえちゃんは、風邪気味なのでマスクをしています。

こういち君、今は、出席をとっていますからね。聞きたいことは後にしてください、いい？

今、風邪が流行っています。

みなさんも、風邪をひかないように気を付けてください。

風邪をひかないためにはどうしたらいいか知っていますか？誰かわかるかな？

家に帰ったらうがいをします。

そうですね。手を良く洗うことも大切です。それと、たくさん寝ることも大切です。

そして、風邪かなと思ったら、たえちゃんのようにマスクをして、お友達にうつさないようにすることも大事です。

Vocabulary

(声を)大きく loudly　**注意深い** careful　**出席** attendance

欠席して absent

Taking Attendance

Look at me, please. Good.

I'm going to take attendance now. Please say "here" in a loud voice when you hear your name. Tae-chan.

Here.

Sensei, Tae-chan is wearing a mask.

That's right. Tae-chan is wearing a mask because she might be catching a cold.

Kouichi-kun, I'm taking attendance so if you'd like to ask me anything, please wait until later. Okay?

A cold is going around now.

Be careful not to catch a cold.

What do you need to do to not catch a cold? Anyone?

I gargle after I go home.

That's right. Washing your hands well is important too. And getting enough sleep.

And if you feel you are catching a cold, wear a mask like Tae-chan. It's important that you're not spreading any viruses to your friends.

Point 1 "I'm going to take attendance now." （出席をとります。）

be going to ～ で、すぐに、あるいは近いうちに「～ するつもりだ」という意味を表します。

フクロウ博士のやってみよう ①

色々な表現を使ってみましょう。

正解したら☑

		学習直後	検定直前
たえちゃんはどうしたの？ [　　][　　][　　] with Tae-chan?	What's the matter	□	□
彼はどうしたの？ [　　][　　][　　] with him?	What's the matter	□	□
彼は気分が悪そうだ。 He [　　] sick.	looks	□	□
うれしそうだね。 You [　　] happy.	look	□	□
彼らを遊ばせる。 I [　　] them play.	let	□	□
私の鉛筆を使わせてあげるよ。 I [　　] you use my pencil.	let	□	□
どうして休んだの？ [　　] were you absent?	Why	□	□
どうして犬が好きなの？ [　　] do you like dogs?	Why	□	□
お父さんが迎えに来る。 My father is going to [　　] me [　　].	pick, up	□	□
君を迎えにいくよ。 I am going to [　　] you [　　].	pick, up	□	□
あと10分でお昼ご飯だよ。 We [　　] have lunch in ten minutes.	will	□	□

知っとこ ①

「get」を知って、表現に幅を広げましょう。

「get」と「become」の違い

get・・・短い時間の時の「～ になる」　　become・・・長い時間の「～ になる」

怒る感情は一時的なものですから、get angry 、仕事は長く勤めるので、become a teacher

「get up」と「wake up」の違い

日本語訳では、どちらも「起きる」と訳しますが、get up・・・布団やベッドから起き上がっている状態、wake up・・・目が覚めた状態です。

「get in ～」と「get on ～」の違い

どちらとも「～ に乗る」という場合に使うのですが、get on は、交通機関に乗ってどこかに行く、get in は、交通機関に乗り込む　というニュアンスです。

ですから、バス・電車・飛行機など・・・get on（行先が決まっている）

タクシー・車・・・get in（乗ってから行先を決める）

なお、降りるという表現は、get on →　get off　get in →　get out です。

get on は、乗るという意味以外にいろんな場面で使います。

get on one's nerves（神経）と言えば、イライラする。

get on it と言えば、それに取り掛かるという表現です。

覚えておこう ①

園の花壇にさいている花の名前

サクラ	cherry blossoms
サボテン	cactus
バラ	rose
チューリップ	tulip
カーネーション	carnation
ヒマワリ	sunflower
スミレ	violet
アサガオ	morning glory
ユリ	lily
コスモス	cosmos
菊(キク)	chrysanthemum
タンポポ	dandelion

第2章　屋内活動 ①

Chapter 2　Indoor Activities ①

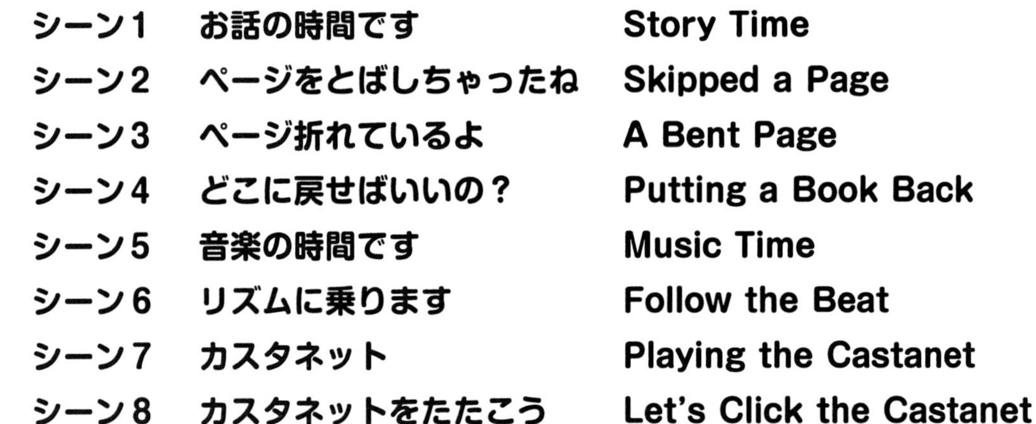

シーン1	お話の時間です	Story Time
シーン2	ページをとばしちゃったね	Skipped a Page
シーン3	ページ折れているよ	A Bent Page
シーン4	どこに戻せばいいの？	Putting a Book Back
シーン5	音楽の時間です	Music Time
シーン6	リズムに乗ります	Follow the Beat
シーン7	カスタネット	Playing the Castanet
シーン8	カスタネットをたたこう	Let’s Click the Castanet

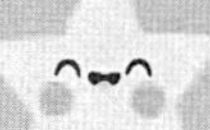

お話の時間です

では、お話の時間です。今日は、どんなお話がいいかな？

桃太郎！

あら、桃太郎の話は、前の週にも読みましたね。別のお話にしましょう。

先生、白雪姫と7人の小人の話がいいです。

そうね。じゃあ、だれか白雪姫の絵本をもってきてくれますか？

ぼくがもってくる！はい、どうぞ。

ありがとう。では、お話を始めますよ。

白雪姫のお話はどうだった？

おもしろかったよ！王子様がチューするところ！

やだー！(笑)

そこが好きなの？他の人はどうですか？

白雪姫が小人たちと楽しそうにしているところです。

すごく楽しそうでした。

Vocabulary

物語 story　**持ってくる** bring　**絵本(字のあるもの)** story book

絵本(字のないもの) picture book　**活動** activity

Story Time

Point1 "It's story time." (お話の時間です。)

It's ～ は It is の短縮形です。時間や天候等を表すときは、It is ～ [It's ～] で表します。

例文は、「お話の時間です」という表現です。その他の表現も覚えておきましょう。

It's ten o'clock.	(10時です。)	[時間]
It's cloudy today.	(今日は曇りです。)	[天候]
It's dark.	(暗いです。)	[明暗]

ページをとばしちゃったね

では、もう一つお話をしましょうね。あまり時間がないので、短いお話にしましょうね。

ひろし君「はらぺこあおむし」の本を本棚から探して持ってきてくれますか。

では、読みますよ。

先生、ページが違うよ。

あら、ごめんなさいね。ページを飛ばしちゃったわね。

では、読みなおしますよ。

Vocabulary

空腹な hungry　**間違った** wrong

ページ page　**飛ばす** skip

Skipped a Page

Okay, let's read one more story. We have a little time left, so let's read something short.

Hiroshi-kun, can you find the ‘Hungry Caterpillar’ book from the book shelf and bring it here, please.

Let's start.

Sensei, it's the wrong page.

Whoops, I'm sorry. I skipped a page.

Okay, now starting again.

知っとこ！One More phrase

Careful, not to bend the page.
（そのページを折らないように気をつけようね。）

Try to flip the page gently, okay?
（やさしくそのページをめくろうね、いい？）

↓

Please be careful and flip each page gently, okay?
（注意してページをやさしくめくろうね。）

ページ折れているよ

何を読んでるの？

ピーターパン！

すごいわね。自分で読めるの？

はい、少し字が読めます。

すごい、すごい。じゃあ、色んな本が読めるわね？

はい、家でもたくさん読んでます。

あら、ページを折らないように気をつけてね。

やさしくページをめくってくださいね、いい？

先生、でも、最初からページが折れていたよ。

あら、そうなの。

Vocabulary

曲げる bend　**めくる** flip　**やさしく** gently

すでに already　**仕事をする** work

A Bent Page

What are you reading?

Peter Pan!

Great. You can read by yourself?

Yes, I can read some words.

That's amazing. So, you can read many different books?

Yes, I read a lot at home, too.

Oh, careful not to bend the page.

Try to turn the page gently, okay?

But sensei, the page was already bent.

Oh, I see.

Point 1 "What are you reading?" （何を読んでいるの？）

＜be動詞＋ing＞で、「～している」という進行形を表します。

進行形には、現時点でその動作が進行している現在進行形と、過去のある時点で動作が進行していた過去進行形があり、それぞれ be動詞を現在形か過去形で表します。

例文は、今読んでいる本を尋ねているので、be動詞は are で、これが過去の時点で読んでいた本を尋ねるなら were、What were you reading when I met at the station yesterday? のような表現ができます。

どこに戻せばいいの？

こういち君、どうしたの？

読んでた本をどこに戻せばいいか分からないんです。

どの棚から取ったか覚えている？

そういうときは、本の背中を見て。

青い丸がついていて、丸の中に「３」って書いてあるでしょ。
わかる？

これは、青い丸が貼ってある２番目の棚で、その棚の上から
３つ目の段にしまっている本ですということです。

だから、そこに本を戻してくれる？

そうだ、思い出した！あそこから取ってきたんだ！

よかったわ。では、片付けてきてね、いい？

Vocabulary

知っている know　　**棚** shelf　　**右** right

丸 circle　　**右** right　　**確認する** check

丸い round

Putting a Book Back

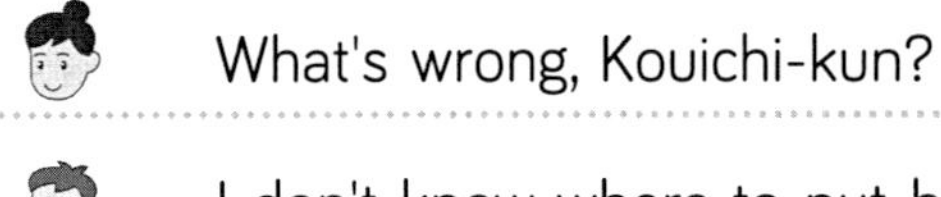

What's wrong, Kouichi-kun?

I don't know where to put back the book that I was reading.

Do you remember which shelf you got the book from?

If you forgot, check the back of the book.

There is a blue round sticker saying ‘3’. Do you see it?

It means the book belongs to the second shelf with the blue round sticker and on the third row from the top.

So, do you think you can put the book back there?

Yes, now I remember! I took out the book from there!

That's good. Put it back please, okay?

Point 1 "I don't know where to put back the book" (本をどこに戻せばいいか分からない。)

don't know ～ で、「～ を知らない」という意味を表します。

だから、don't know where ～ で、「どこか分からない」という意味を表しています・

「～ を戻す」という場合は return を用います。

音楽の時間です

音楽の時間ですよ。

音楽で色々なことをやってみましょう。

先生が、オルガンで♪「ドファラ」と弾いたら、立ってください。

先生が、♪「ドミソ」と弾いたら、座ってください。

全員、分かりましたか？

では、練習しますよ。

♪「ドファラ」　♪「ドミソ」

はい、よくできました！

Vocabulary

立つ stand up　**和音** chord

練習 practice

Music Time

It's music time.

Let's try some different things with music.

When I play "Do Fa Ra" on the electronic organ, please stand up.

When I play "Do Mi So", please sit down.

Did you all get that?

Okay, let's practice.

"Do Fa Ra". "Do Mi So".

Well done!

Point 1 "Did you all get that?" （全員、分かりましたか？）

全員でなく個人に聞きたい時は、Did you get it? と表現することができます。

リズムに乗ります

では、次に、先生がこの曲を弾いたら、その場で足踏みをします。

♪　曲「きらきら星」

そうです、皆さん上手ですね。

では、きらきら星のリズムで、お部屋を行進してみましょう。

歌を歌いながら、行進してみます。

では、まずは、その場で足踏み、先生がハイと言ったら、行進しますよ。

そして、もう一度ハイと言ったら行進をやめて、その場で足踏みします。

ハイ　きらきらひかる♪

ハイ　おそらの星よ♪

はい、よくできました。

自分の席に戻って、♪「ドミソ」

Vocabulary

歩く walk　**行進する** march　**場所** place

Follow the Beat

Okay, next, when I play this song, please walk in place.

"Twinkle Twinkle Little Star., How I Wonder What You Are ～♪"

Yes, doing well.

Okay, now let's march around the room to the rhythm of Twinkle Twinkle Little Star.

Let's sing the song and march.

Okay, first, just walk in place. Then when I say "go", start marching.

Then, when I say "go" again, stop marching and just walk in place again.

Go. Twinkle Twinkle Little Star ～♪

Go. How I Wonder What You Are ～♪

Well done.

Now, go back to your seat, please. "Do Mi So".

Point 1

「きらきら星」 作詞 武鹿悦子	Twinkle, Twinkle Little Star
きらきらひかる	Twinkle, twinkle, little star!
お空の星よ	How I wonder what you are!
まばたきしては	Up, above the world, so high,
みんなを見てる	Like a diamond in the sky.
きらきらひかる	Twinkle, twinkle, little star!
お空の星よ	How I wonder what you are!

カスタネット

今日は音楽の日です。いろんな楽器にふれてみましょう。

後ろを見てください。いろんな楽器がありますね。

この楽器を知っていますか？答えるときは手をあげてね。

カスタネットです。手のひらにのせて、反対の手で叩きます。

はい、正解です。自分のカスタネットを取ったら席に戻ってください。

順番よ。走らないで。じゃないと、そのゴミ箱につまずいちゃうから。

それはぼくのだよ！

こらこら、取り合ってはだめです。

Vocabulary

楽器 instrument

つまずく trip over

取り合う fight over

カスタネット castanet

Playing the Castanet

It's music day, let's learn about different musical instruments.

Take a look behind you. You can see many kinds of musical instruments.

Do you know this instrument? Please raise your hand when you answer.

It's a castanet. You put it on your palm, and then click with the other hand.

That's right. Come back to your seat after you pick up your castanet.

Remember, take turns. No running or you'll trip over that trash can.

That's mine!

Excuse me, don't fight over it.

Point 1 "No running or you'll trip over that trash can." (走らないで、そこのゴミ箱につまずいてしまいますよ。)

or は、「または」以外に、いくつかの使い方があります。

この例文では、さもなければという使い方で、or より前の文のことをしないと、よくないことが起こるという言い回しです。

カスタネットをたたこう

みんな、カスタネットを持ちましたか？

カスタネットは、丸くて少しカーブしている青い板と赤い板がゴムで縛ってありますね。

赤い方を下にして、中指をゴムに通します。

ひろし君、それは人差し指です。お兄さん指が中指です。

先生、カスタネットたたいてもいいですか？

まだですよ。待ってね。音は一切出してはだめですよ。

では、カスタネットを持っていないほうの手を見せてください。

その手の人差し指と中指、お母さん指とお兄さん指ね。

その２本の指先で軽く1回たたいてみましょう。たたいたらすぐに指を離してね。

はい、タン。

次に、2回たたいて、ハイ、休み。2回たたいて、ハイ、休み。

繰り返しますよ。ハイ、2回たたいて、ハイ、休み。

Vocabulary

まだ yet

カチッと鳴らす click

1回 once　**2回** twice　**輪** loop

Let's Click the Castanet

Does everyone have their castanet?

A castanet consists of a pair of blue and red slightly curved round plates joined on one edge by an elastic string.

Place the red side down and put your middle finger through the loop of the string.

Hiroshi-kun, that's your pointer finger. Brother finger is your middle finger.

Can I play the castanet, sensei?

Not yet, please wait. No clicking the castanets.

Now, show me your hand that is not holding the castanets.

Okay, use the pointer finger and the middle finger that are your mother finger and brother finger.

Let's click the castanet lightly using those two fingers. Lift your fingers after you click.

Click.

Next step is to click twice and rest. Click twice and rest.

We're going to repeat. Go, click twice and rest.

Point 1 twice （2回）

3回目以降は three times、4回 four times、と数字と times を組み合わせて使います。

Point 2 "lift your fingers" （指を離す）

ここでは園児たちにわかりやすいよう lift を使っていますが、release your fingers とも表現ができます。

フクロウ博士のやってみよう ②

色々な表現を使ってみましょう。

正解したら☑

		学習直後	検定直前
窓をあけてくれる？ [ ][ ] open the window?	Can you	☐	☐
どの色が好き？ [ ] color do you like?	Which	☐	☐
そのとき、あなたはなにを読んでいましたか？ What [ ] you [ ] then?	were reading	☐	☐
何をしたらよいかわからない。 I [ ][ ] what to do.	don't know	☐	☐
お腹空いてない？ [ ] you hungry?	Aren't	☐	☐
この歌をうたおうよ！ [ ] sing this song.	Let's	☐	☐
私は週に２回公園にいきます。 I go to the park [ ] a week.	twice	☐	☐

ABC

知っとこ ②

こんなとき、how do you say?

（じゃあ、折れているページは大事にね。（扱う））

↓

Then we should be very careful with them.

言い方を変えてみましょう

Careful, not to bend the page.
Try to flip the page gently, okay?

（ページを折らないように気を付けてね。）

（やさしくページをめくってね、いい？）

↓

Please be careful and flip each page gently, okay?

（注意してページをやさしくめくってね。）

覚えておこう ②

園児の周りで聞こえる音

うがい	ガラガラ	gargle
電話の音	リーンリーン	ring ring
クシャミ	ハークション	ahchoo
シャックリ	ヒック	hic
硬いものを食べる音	カリッ	crunch
衝撃の音	ドーン	crash
落ちる音	ドシン	thud
クラクションの音	ブーブー	honk honk
風船の音	パーン	pop
折れる音	ポキン	snap
足音	パタパタ	pitter patter
ドアの音	バタン	bang
叩く音	トントントン	rat-a-tat
水のはねる音	ピシャ	splash
鈴の音	チリン	jingle
時計の音	チクタク	tick tack

第3章　屋内活動②

Chapter 3　Indoor Activities ②

シーン1	お絵描きの時間です	Art Time
シーン2	好きな絵を描こう	Drawing our Favorite Picture
シーン3	裏返しだよ	Your Smock is Inside Out
シーン4	水を入れてきて	Getting Some Water
シーン5	絵の具で描こう①	Having Fun with Painting①
シーン6	絵の具で描こう②	Having Fun with Painting②
シーン7	素敵な絵ね	Nice Picture
シーン8	絵はどこに置くの	Where to Put the Picture?

お絵描きの時間です

はい、お絵かきの時間です。

自分の棚から、お絵かきセットを持ってきてくれますか？

それとスモックも持ってきてくださいね？

お友達のスモックを持ってこないように、必ず名札を確認してくださいね。

先生、ぼくのスモックがありません。

あら、おかしいわね。

そういえば、この前、洗ってもらうのに家に持って帰ったわよね。

おうちから持ってきた？

そうだ！忘れました！

やっぱり。それでは見つからないわね。

今、園には余分のスモックがないのよ。仕方ないわね。

今日は、スモックなしでお絵かきしますから、洋服につけないように注意してね。

Vocabulary

描く draw　**スモック** smock

名札 name tag　**〜なしで** without

忘れる forget (forgot, forget **の過去形**)

Art Time

 Okay, it's art time.

Can you bring your drawing set from your cubby?

And your smock, too?

Make sure you check the name tag so you don't bring your friend's smock by mistake.

 Sensei, I can't find my smock.

 Really, that's strange.

I remember you brought your smock back home the other day to wash.

Did you bring it back?

 Oh! I forgot!

 That's why you can't find it.

We don't have any extra smocks at school now. Oh well.

Today you will paint a picture without your smock, so please try not to get your clothes dirty.

Point1 "Try not to get your clothes dirty."（洋服につけないように注意してね。）

直訳すると「洋服が汚れないようにしましょう」。try not to ～ は、「～ しないようにする、～ しないよう心がける」園児たちにしてほしくない時に便利な表現です。

try to not とは言いませんので try NOT to not の位置に気を付けましょう。

好きな絵を描こう

はい、スモックを着たら、お絵かきセットからクレヨンと画用紙を出してください。

先生、もう、描くところがありません。

じゃあ、この画用紙を使ってね。

では、クレヨンセットを出してください。

今日は、自分の好きな動物の絵を描きますよ。

先生、うさぎさんを描きたいです。うさぎさん、白いでしょ？

白色はどうやって描いたらいいですか？

白いうさぎさんは描くのむずかしいわね。

白いクレヨンでうさぎさんを描いてみたら。

そのあと、黒いクレヨンでうさぎさんの形をなぞってみるのはどう？

さあ、どうなるかな？

わあ、先生、白いうさぎさんが飛び出してきたみたいに見える！

Vocabulary

クレヨン crayon　　**むずかしい** hard

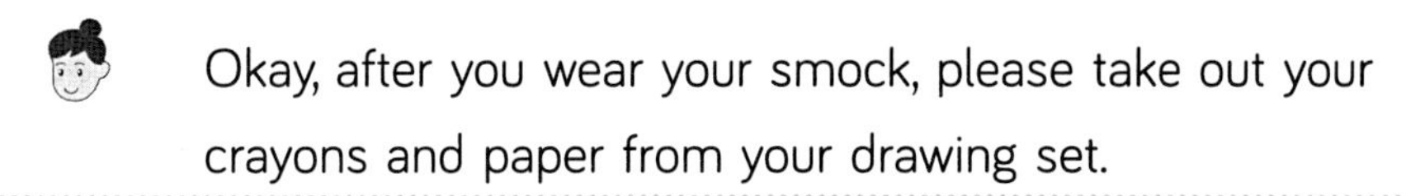

Okay, after you wear your smock, please take out your crayons and paper from your drawing set.

Sensei, there is no space to draw anymore.

Okay, I'll give you a fresh sheet of paper.

Now, take out your crayon set.

Today we are going to draw your favorite animals.

Sensei, I want to draw a rabbit. A rabbit is white, right?

How can I draw the color white?

It's a little hard to draw a white rabbit.

How about you draw the white rabbit with a white crayon first.

Then after that follow the shape of the rabbit with a black crayon?

And then see what happens?

Wow, sensei, it looks like the white rabbit is jumping out!

Point 1 "There is no space anymore." (もう、描くところがありません。)

There is ～ で、「～ がある」という存在を表し、この例文はその否定文になっているので、「～ はない」という意味を表します。

そのあとにくる主語が単数形か、か複数形で There is ～, There are ～ を使います。

例）There is an apple on the table. （テーブルの上にリンゴがあります。）

There are 5 books in the box. （箱の中には本が5冊あります。）

裏返しだよ

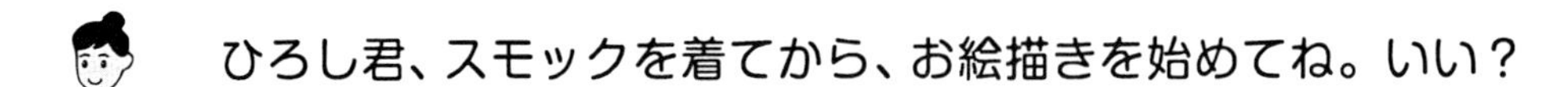

ひろし君、スモックを着てから、お絵描きを始めてね。いい？

こういち君も着てないから、着なくてもいいでしょ？

こういち君はスモックを忘れたから着ていないのよ。

お洋服を汚すから、着てちょうだい。

汚さないから、着なくていいでしょ？

着たくない。

ひろし君、どうしたの？今日はずいぶんとわがままを言うのね…

お願いだから、着てちょうだい。

分かった。じゃあ、着ます。

あははは、それ裏返しだよ。

笑うな。バカ！

あらあら、ひろし君、お友達になんて汚い言葉を使ってるの。

こういち君も、笑わないでなおすのを手伝ってあげるのは、どう？

Vocabulary

～を着る put on ～	**裏返し** inside out	**わがまま** selfish
早く early	**～したい** want to ～	**～はいかがですか** how about Vi

Your Smock is Inside Out

Hiroshi-kun, please put your smock on first, then start drawing, okay?

Kouichi-kun is not wearing his smock, so I don't have to either, right?

Kouichi-kun forgot his smock, that's why he's not wearing it.

Please put it on, otherwise your clothes will get messy.

I'll promise you I won't get my clothes messy, so can I?

I don't want to wear it.

What's wrong with you? You're being difficult.

Please put it on.

Okay. I will.

Hahaha, your smock is inside out.

Don't laugh at me. You idiot!

Excuse me, Hiroshi-kun, that was not a nice word to say to your friend.

You too, Kouichi-kun. It's not nice to laugh at your friends.
Instead, how about you helping him fix his smock?

Point1 "You're being difficult."（わがままを言うわね。）（人の意見に耳をかさない）

園生活で、園児がなかなか言うことをきかなくて困ることがあります。

状況によって「いうことを聞かない」を使い分けてみましょう。

① 頑固で先生の言うことを聞き入れない。自分の我を押し通す園児を表現する場合
stubborn（頑固） He's being stubborn.

② 自分勝手であまったれ、だだをこねたりして、少し幼稚な園児を表現する場合
spoiled（あまやかされている） He's spoiled.

③ 子どもっぽい園児を表現する場合
childish（子どもっぽい） He's childish.

水を入れてきて

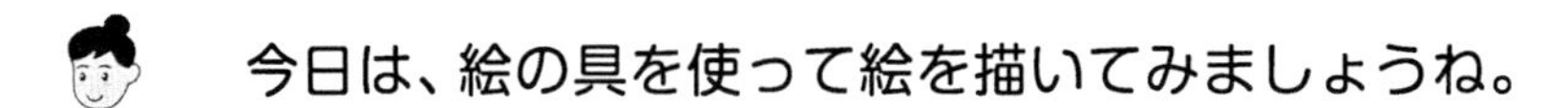

今日は、絵の具を使って絵を描いてみましょうね。

やった！筆で描くんでしょ？マンガみたい！

ちがうよ。マンガを描くときは鉛筆で描くのよ。

はいはい、お話はその辺でやめて、みんな準備してください。

筆洗い用のバケツに水を入れに行きますよ。

バケツを持って、廊下に並んでくださいね。

ひろし君、蛇口を開きすぎないで。

お水をあちこちに飛ばしてスモックもぬらしていますよ。

先生、バケツにどれくらい水を入れるの？

バケツの半分位にしてください。

入れすぎるとお席に持ってかえるときバケツが重くなってしまうからね。

Vocabulary

絵の具 paint　**筆** brush

マンガ cartoon　**画家** painter

廊下 hallway　**飛ばす（お水など）** splash　**水** water

Getting Some Water

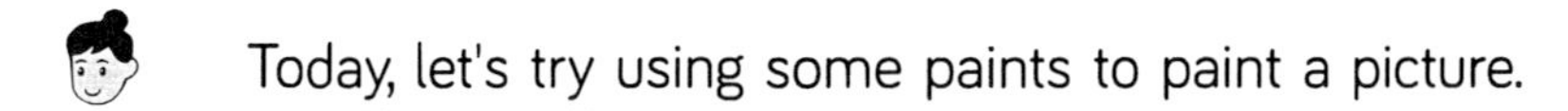

Today, let's try using some paints to paint a picture.

Yay! We use paintbrushes to paint, right? It's like a cartoon!

No, that's not right. When you draw a cartoon, you use pens or pencils.

Okay, I think you two can stop talking there, everyone please get ready.

We're going to put some water in the paint bucket for washing paintbrushes.

Take your paint bucket and line up in the hallway, please.

Hiroshi-kun, don't turn the water on too strong.

You're splashing water all over the place and getting your smock wet.

How much water do we put in the paint bucket?

About halfway, please.

If you put too much then the bucket gets too heavy to carry back to your seat.

Point 1 “stop talking” （お話をするのはやめて）

＜stop Ving＞ ～するのをやめる　例　He stopped walking.（彼は歩くのをやめた。）

＜stop to V＞ ～するためにとまる　例　He stopped to use the cellphone.

cellphone（携帯電話）

（彼は携帯電話を使うために止まった。）

stop の後に＜Ving［動名詞］＞が来るのか＜to＋V［to不定詞］＞が来るのかによって意味が変わってきますので注意しましょう。

絵の具で描こう ①

筆を水に入れて、毛先を柔らかくしてください。

筆をぬらさないと絵の具がきちんと筆に付かないのよ。

赤の絵の具をとってパレットに絵の具を出してくださいね。

絵の具は、強く出しすぎないように注意してください。

全部の色を出すの？

いい質問ね。赤と緑と白と茶色をまず出しましょう。

先生がやってみるから見ててね、いい？

今日はお花を描こうと思います。

お花を描くとき、何色から始めたらいいかな？

あ。画用紙にどうやって絵の具をのせればいいんだっけ？

誰か覚えている人いる？

筆をぬらす！

Vocabulary

柔らかくする soften　**絞る、強く出す** squeeze　**実演** demonstration

Having Fun with Painting ①

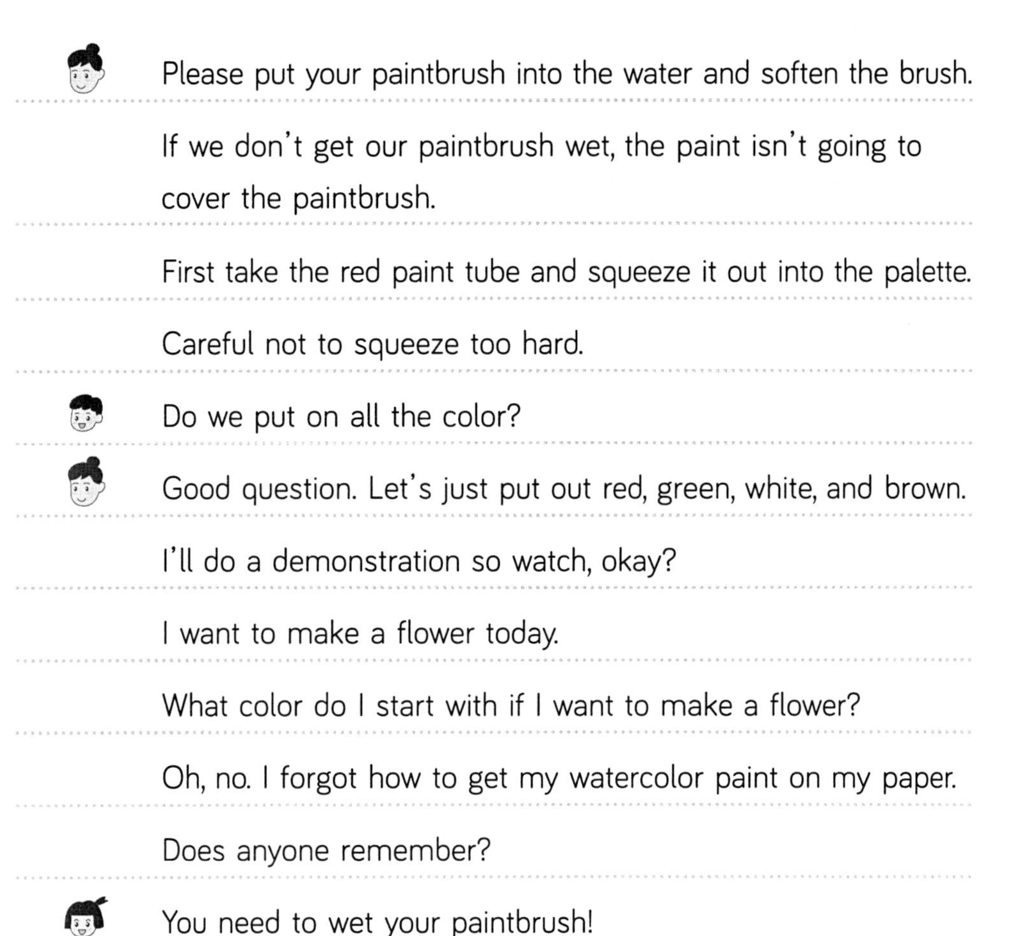

Please put your paintbrush into the water and soften the brush.

If we don't get our paintbrush wet, the paint isn't going to cover the paintbrush.

First take the red paint tube and squeeze it out into the palette.

Careful not to squeeze too hard.

Do we put on all the color?

Good question. Let's just put out red, green, white, and brown.

I'll do a demonstration so watch, okay?

I want to make a flower today.

What color do I start with if I want to make a flower?

Oh, no. I forgot how to get my watercolor paint on my paper.

Does anyone remember?

You need to wet your paintbrush!

Point 1 "Put your paintbrush into the water."（筆を水に入れて）

put ～ into ～ の中へ入れる。put と into間に単語を入れます。

例 Put all the ingredients to a pan.（材料全てを鍋に入れる。）

put into にすると、入港する、立ち寄るなどの意味になります。

絵の具で描こう ②

そう！よくできました。

必ず覚えておいてね、お水、絵の具、画用紙、水、絵の具、画用紙ね。

必ず、筆をぬらしてから、次の色の絵の具を使う、ですよね？

その通りよ。その順番を守らないと全部の色が混じって、せっかくの作品が黒っぽくなってしまいます！

先生、手に絵の具がついちゃった。

後で、手を洗いますから、今はタオルで拭いてね。

Vocabulary

混ざる mix　　**拭く** wipe

Having Fun with Painting ②

Yes! Good.

Always remember, water, paint, paper, water, paint, paper.

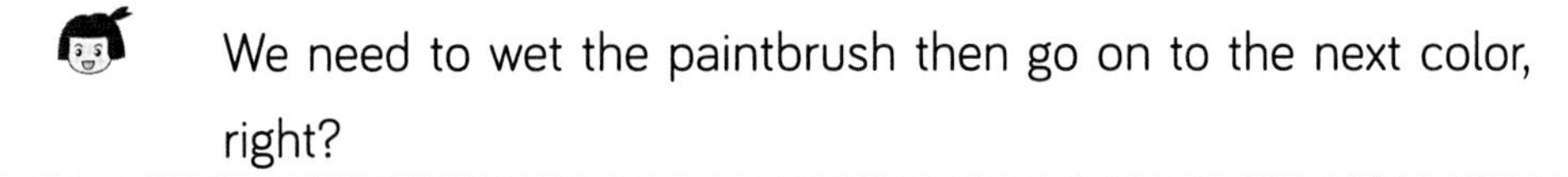

We need to wet the paintbrush then go on to the next color, right?

That's right. If you forget the steps then all the colors will get mixed and your master piece will turn black!

Sensei, I got some paint on my hand.

We'll wash our hands later, so you can wipe your hands with the towel now.

Point 1 "turn black" （黒くなる）

turn は様々な表現があります。一緒に覚えておきましょう。

Turn white hair black again. （白髪を黒髪に戻す）

turn back （元に戻す、紙を折り返す、引き返す）

Turn back the clock. （時計を戻して。）

It's too dark. Let's turn back. （暗すぎる。引き返そう。）

素敵な絵ね

素敵な絵ね。何をしているところ？

おじいちゃんとサッカーをやった時の絵を描いたんだよ。

すごくたのしそうね！

サッカー大好き！遠くまで蹴れるんだよ。

ヘディングも得意なんだ。

じゃ、将来はサッカー選手で、オリンピックね。

先生、違うよ。サッカーはワールドカップだよ。

あら、そうなの？そういえば、そうね。間違えちゃったわ。

全然、構わないよ。

Vocabulary

未来 future　**蹴る** kick

オリンピック the Olympics

間違える make a mistake

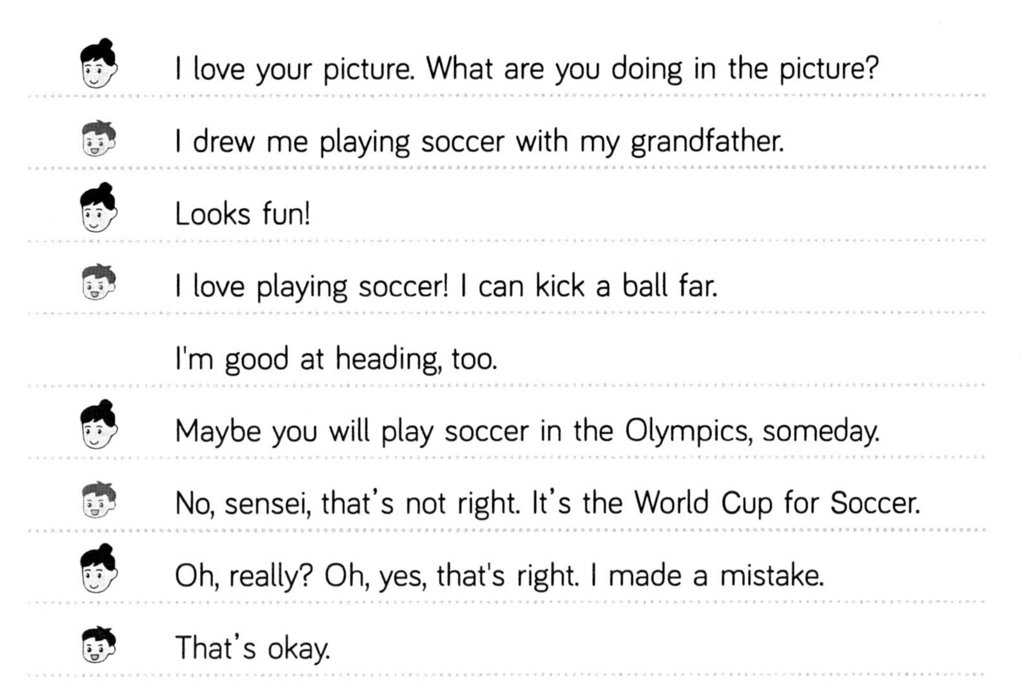

Point 1　"What are you doing?"　（何をしているの？）

What ～？ で「～ は何？」「何を ～？」という意味を表します。例文では、you（あなたは）・・・と you が主語になっていますから、この what は、「何を」という意味を表します。

Point 2　"I drew me playing soccer with my grandfather."（おじいちゃんとサッカーをやった時の絵を描いたんだよ。）

When ～　で、「のとき ～（のこと）」という意味を表しています。

when には接続詞としての用法と、関係副詞としての用法があり、ここではこの関係副詞の when を使っています。関係副詞の when は難しいので、はじめは「～ のときのこと」というニュアンスで捉えると分かりやすいかもしれません。例文では、「サッカーをやっているところのこと」というような意味になります。

絵はどこに置くの

👩 お絵描きの時間はそろそろ終わりです。

片づけを始めてください。

👦 ぼくの絵は、どこにおけばいいの？

👩 こっちの乾燥棚にもってきてくれる？

👦 ここでいい？

👩 いいわ。みんなが置けるように、棚の左側から詰めておいてね。

こういち君、そちらは右側でしょ。

👦 あ、そうか。たえちゃん、絵を詰めてくれない？

ぼくの隣に並べてよ。

👩 明日には、絵の具が乾くから、みんなの絵をお部屋に飾りましょうね。

Vocabulary

右側　right side/right-hand side

乾燥棚　drying rack

Where to Put the Picture?

It's time to finish painting.

Let's start cleaning up.

Where do I put my picture?

Can you bring your picture to the drying rack?

Here?

Yes, good. Please put your picture on the left on the rack so everyone can put their pictures.

Kouichi-kun, that's the right side.

Whoops. Tae-chan, can you move your picture over?

I'll put mine next to yours.

Your paintings will dry by tomorrow, so let's display everyone's art work in the classroom.

Point 1 "Can you bring your picture to the drying rack?" （こっちの乾燥棚に持って来てくれる？）

Can you? ～してくれる？

Can で始めるとカジュアルな表現になります。大人同士でも目上の人には

Would you bring the photo to the meeting?（会議に写真を持って来ていただけますか？）

Would you mind bringing the photo to the meeting?

など丁寧な表現を心がけましょう。

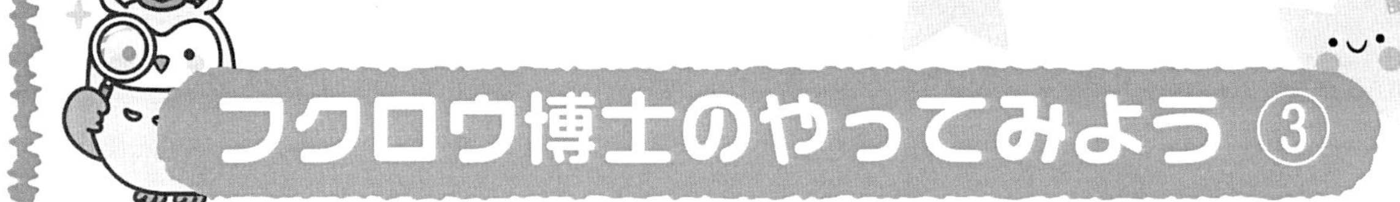

色々な表現を使ってみましょう。

正解したら☑

		学習直後	検定直前
丘の上に家がある。 [ ][ ] a house on the hill.	There is	□	□
もうすることがない。 [ ][ ] nothing to do.	There is	□	□
テーブルの上にバナナがあります。 There is a banana [ ] the table.	on	□	□
ベッドの上に猫がいます。 There is a cat [ ] the bed.	on	□	□
昼食に何を食べたい？ [ ] do you want for lunch?	What	□	□
将来何になりたいの？ [ ] do you want to be in the future?	What	□	□
春は、花が一番美しいときです。 Spring is [ ] the flowers are most beautiful.	when	□	□

知っとこ ③

こんなとき、how do you say?

（画用紙とクレヨンを出してね。）
↓
Please put out your paper and crayons.

（新しい画用紙を使ってね。）
↓
Please use a fresh sheet of paper.

言い方を変えてみましょう

No running or you'll trip over
（走らないで、転んじゃうわよ。）
↓
Take turns and please walk slowly.
（順番にね、ゆっくり歩いてね。）

Excuse me, don't fight over it.
（こらこら、取り合ってはだめよ。）
↓
Excuse me, we must be nice to our friends.
（こらこら、お友達とは仲良くね。）

覚えておこう ③

お絵描きの材料や道具の名前

色々な紙	assorted paper
薄紙	art tissue
チョーク	chalk
パステル	pastels
綿棒	cotton swab
イーゼル	easel
マジック	magic marker
毛糸	yarn
紙やすり	sandpaper
型	template
クッキングシート	wax paper
マスキングテープ	masking tape
食紅	food dye
スポイト	ink blotter
卵のカラ	eggshell
フェルト	felt
ラメ	glitter
カッティングボード	cutting board

第4章　トイレにいこう

Chapter 4　Going to the Bathroom

シーン1　トイレに行こう　Going to the Bathroom
シーン2　手を洗いましょう　Washing our Hands

トイレに行こう

さあ、トイレに行きたい人はいますか？

はい！

あら、みんな行きたいのね。

では、廊下に出て、二列に並んでください。

早く行きたいです。我慢できない。もれそう！

あら大変。我慢できますか？

廊下では、おしゃべりしませんよ。

間に合ったわね。

よかった！

Vocabulary

トイレ toilet

並ぶ line up

話す talk

列 line

ゆっくりと slowly

待つ wait

保つ hold

 Okay, who wants to go to the bathroom?

 Me!

 Okay, everyone wants to go.

Line up in two lines in the hallway, please.

 I want to go right now. I can't wait. I can't hold it!

 Oh dear. Can you try to hold it a bit?

Everyone, no talking in the hallway, please.

You made it.

 Yes!

Point 1 "Who wants to go to the bathroom?"　（トイレに行きたい人はいますか？）

Who ～？は、疑問代名詞といって、疑問を表す文章の中で主語として使われます。

特に重要なのは、答えに複数が予想される場合にも、who の後に続く動詞が原則、3人称単数の形になる点です。

例：Who is playing baseball?　（誰が野球をしているの？）

野球は少なくとも一人ではやりませんが、単数で聞きます。例文でも、クラスのみんなに聞いていますから、きっとたくさんの園児が「行きたい！」と言うことが考えられ、Who の後には wants と3人称単数になっています。他に bathroom は restroom とも言います。

Point 2 "You made it!"　（間に合ったわね！）

～ made it で「～ をやり遂げる、うまくいく」という意味を表します。

口語でよく使われ、「やったね！」という意味にもなります。

例文の made は make の過去形です。

手を洗いましょう

終わったら、手を洗いますよ。

こういち君、セッケンでちゃんとよく洗いますよ。

終わりました。

本当にきちんと洗ったの？

蛇口をしめてね。

ハンカチで拭いてくださいね。

こういち君、お洋服で拭いてはいけません。

あ、ハンカチを忘れました。

困りますね。ハンカチとティッシュは必ずもっていないとね。

他にもハンカチを忘れた人いますか？先生のところに来てください。

ペーパータオルを渡します。

Vocabulary

セッケン soap　**蛇口** faucet　**回す** turn off

ハンカチ handkerchief　**服** clothes　**きちんと** properly

turn ～で、「回る、回す、ひっくり返す、変わる、帰る」という意味を表します。

振り向く turn around　**引き返す** turn back

目をそらす turn away　**（音量を）小さくする** turn down

Washing our Hands

Wash your hands after you are done.

Kouichi-kun, wash your hands with soap.

I'm done.

Did you really wash well?

Please turn off the faucet.

Please dry your hands with your handkerchief.

Kouichi-kun, don't dry your hands on your clothes.

Oh, I forgot my handkerchief.

That's not good. You need to have your handkerchief and a pocket tissue with you all the time.

Who else forgot the handkerchief? Come to me.

I'll give you a paper towel.

Point 1 "Some soap" （[いくらかの] 石鹸）

英語には数えられる名詞［可算名詞］と数えられない名詞［不可算名詞］があります。

soap は不可算名詞です。

不可算名詞の場合、単数・複数の区別がなく、量は little「少ない」、much「多い」などの形容詞で量を表します。同様の不可算名詞には他に milk,paper, water 等があります。some は、可算名詞にも不可算名詞にも使える形容詞で、可算名詞の場合は「いくつかの」、不可算名詞なら「いくらかの」の意味を表し、少々のものを漠然とした量で表すことができます。石鹸を数えたいときは a bar of soap などを使います。

色々な表現を使ってみましょう。

正解したら☑

		学習直後	検定直前
料理が得意です。 I'm [ ][ ] cooking.	good at	☐	☐
窓を開けましょうか？ [ ][ ] open the window?	Shall I	☐	☐
一緒に踊りませんか？ [ ][ ] dance?	Shall we	☐	☐
昨日はここで彼と出会った。 I met him [ ] yesterday.	here	☐	☐
あそこに行ってはいけません！ Don't go [ ]!	there	☐	☐
誰がギターを弾いているの？ [ ] is playing the guitar?	Who	☐	☐
おしゃべりしているのは誰？ [ ] is talking?	Who	☐	☐

知っとこ ④

1. One More Phrase

No talking and walk slowly.
（おしゃべりしないで、ゆっくり歩いて。）
↓
Please be quiet and walk slowly.
（静かにゆっくり歩いてね。）

2. 不可算名詞　不可算名詞は数が数えられない名詞です。

原則として複数形にはしません。

単数扱いですが、a や an はつけません。

原則、固有名詞（山や川、都市）や fruit（果物）などの集合名詞、light（光）、chocolate（チョコレート）、tea（お茶）、coffee(コーヒー）などの物質名詞、music（音楽）などの抽象名詞は不可算名詞です。

3. One More Phrase

Did you wipe your hands?
（手は拭いた？［汚れを落とす］）
↓
Did you dry your hands?

こんなとき、How Do You Say?

①（タオルで拭き終わったら、きちんと戻してね。）
↓
Put the towel back after you are done, okay?

BC

覚えておこう ④

動物園で見る動物たち

ウサギ	rabbit	キリン	giraffe
キツネ	fox	クマ	bear
コアラ	koala	サイ	rhinoceros
コウモリ	bat	トラ	tiger
サル	monkey	ゾウ	elephant
アライグマ	racoon	ヒツジ	sheep
モグラ	mole	ライオン	lion
リス	squirrel	ラクダ	camel
ウマ	horse	ロバ	donkey
カバ	hippopotamus	シマウマ	zebra
カンガルー	kangaroo	シカ	deer

第5章　屋外保育①

Chapter 5　Outside Activities ①

シーン1	お外へ行きます	Going Outside
シーン2	靴がないの	I Can't Find My Shoes
シーン3	ドアを閉めてね	Closing the Door
シーン4	きれいな花だね	A Pretty Flower
シーン5	知らない人に気を付けて	Watch Out for a Stranger
シーン6	ブランコに乗ろう	Go on the Swings
シーン7	みんなで数えましょう	Let's Count, Everybody
シーン8	座ってこいでね	Don't Stand on the Swings
シーン9	滑り台であそぼう	Going Down the Slide
シーン10	滑り台を滑ろう	Sliding Down

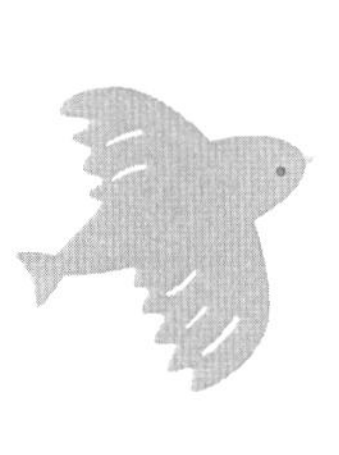

お外へ行きます

これからみんなで外に行きますよ。

やった！サッカーやろう！それともオニごっこやる？

外靴に履き替えてくださいね。

押さないで！危ないじゃないか！

お友達を押さないで。転んでケガをします。
慌てないで。

みんなのお支度ができたら外に行きますから。

脱いだ上履きは、くつ箱にきちんと入れてください。

Vocabulary

オニごっこをする play tag

帽子 hat / cap

着替える change

外の、外で outside

押す push

あわてないで take your time

急ぐ rush

きちんと、整理して neatly

Going Outside

We are going outside now.

Yay! Let's play soccer! Or do you want to play tag?

Change to your outside shoes, please.

Don't push me! It's dangerous!

Don't push your friends, please. Or you might fall and get hurt.

Don't rush and take your time.

We'll leave after everyone's ready.

Please put your inside shoes in your shoe box neatly.

Point 1 "take your time" （慌てないで）

ゆっくりでいいよ、時間をかけていいよ、急がなくていいよというときの表現です。

こんなとき、how do you say?

帽子をかぶって外履きに履き替えてね！

↓

Put your hat and outside shoes on please!

靴がないの

ひろし君、その靴、ひろし君の靴じゃないでしょ。

ぼくの靴がないんです。

おかしいわね？先生も手伝うね。

もう一度探してみてくれる？

あ！玄関にありました。

よかったわね。すぐにその靴を靴箱に戻してきてくれる？

別のお友達が自分の靴を探しているかもしれないでしょ。

自分の靴がなくても、お友達の靴を勝手に履いてはいけませんよ？

ごめんなさい。

やっていいことと、やってはいけないことはもう分かっていい年齢ですよ。

Vocabulary

考える think

見つける find (find **の過去形** found)

靴箱 shoe case / shoe box

～を探す look for ～

玄関 entrance / entrance hall

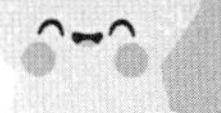

I Can't Find My Shoes

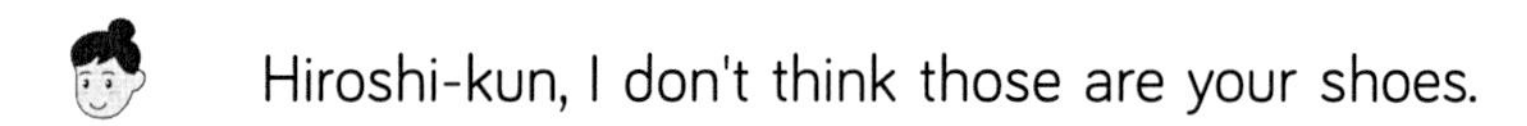

Hiroshi-kun, I don't think those are your shoes.

I can't find mine.

Why is that? I'll help you.

Can you try to look for them one more time?

Oh! I found them at the entrance.

Good! Then, can you put those shoes back in the shoe box?

Your friend might be looking for his now.

It's not good to wear someone's shoes even if you can't find yours, okay?

I'm sorry.

I think you are a big boy now so you know what is right and what is wrong.

Point 1　"Can you try to look for them one more time?"（もう一度探してみてくれる？）

Can you ～（できる内容）？ で､「～ できるかな？」という意味になります。
内容が相手に依頼するような事柄であれば、例文のように、Can you ～（依頼内容）？で「～ してもらえませんか？、～ してみて？」と丁寧にお願いする表現になります。

ドアを閉めてね

お外に出るときは、ドアをきちんと閉めてくださいね。

でも、たえちゃんがいて閉められません。

たえちゃん、ちょっとドアから離れてくれるかな？

じゃ、ドア閉めるよ。

ドアは優しく閉めてバタンと強く閉めないようにしてね。

お友達が近くにいると危ないし、ドアが壊れることにもなりますからね。

分かりました。そっと閉めます。

Vocabulary

閉める close

きちんと properly

出かける go out

(人の) 邪魔になって in the (a person) way

動く move

壊す break

バタンと閉める slam

Closing the Door

Please close the door properly when you go out.

But I can't close the door because Tae-chan is in the way.

Tae-chan, can you move over a little, please?

Okay, I'm closing the door.

Please close the door gently and don't slam it.

It's dangerous if your friends are close to the door and you could break the door too.

Okay, I'll close the door gently.

Point 1 "when you go out" （お外に出るとき～）

go out で、「外に出る、外出する」という意味を表します。

反対は、go in（中に入る）です。

go ～を使うと様々な表現が出来ます。

go about （歩き回る）
go away （立ち去る）
go by （通り過ぎる）
go down （降りる、沈む）
go off （出発する）
go on （続ける）
go up （上がる、上昇する）

きれいな花だね

いい天気で、気持ちいいわね。

あら、ほら、花壇にきれいな花が咲いています。

わあ！ママに見せてあげたいからとってもいい？

残念だけどそれはできないわね。見るだけにしましょうね。

つまんないよ。だめですか？1本だけでも？

じゃあ、ママがお迎えの時に、花壇を見せてあげるのはどうかな？

そうしたら、こういち君と一緒にきれいなお花が見れるでしょ？

ママ、喜ぶと思うな！

先生、いい考えだね！ありがとう！

Vocabulary

花 flower

A Pretty Flower

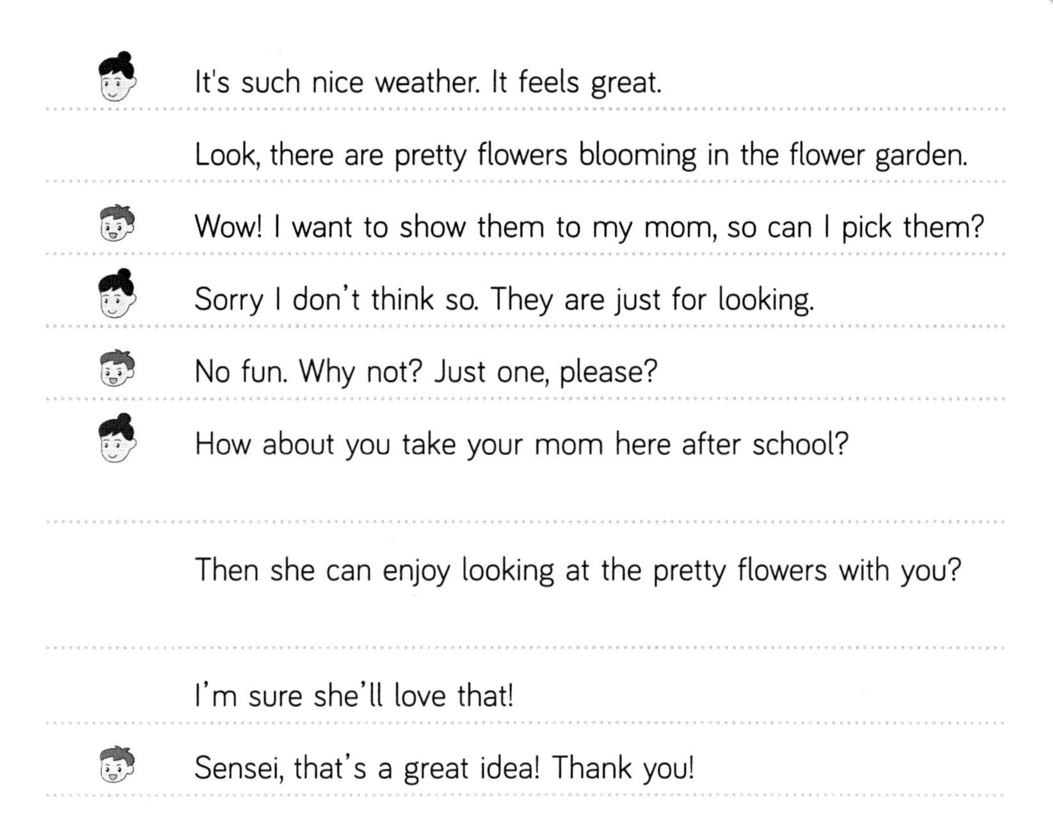

It's such nice weather. It feels great.

Look, there are pretty flowers blooming in the flower garden.

Wow! I want to show them to my mom, so can I pick them?

Sorry I don't think so. They are just for looking.

No fun. Why not? Just one, please?

How about you take your mom here after school?

Then she can enjoy looking at the pretty flowers with you?

I'm sure she'll love that!

Sensei, that's a great idea! Thank you!

Point 1 "No fun." （つまらないよ。）

No fun. で、「つまらない」という意味を表します。
子どもたちはこのような、一言で感情を表す言葉をたくさん使います。
一緒に覚えてしまいましょう。

How exciting!	ワクワクする！
Really?	本当？
No way!	まさか！
So cute!	かわいい！
It's fun!	楽しい！

知らない人に気を付けて

さあ、時間まで思いっきり楽しみましょうね。

ただ、けがをしないように気を付けてくださいね。

それと、先生の目が届かないところに行ってはいけません。

一人っきりになってもいけません。

なんでかわかる人はいる？

知らない人がいて危ないからです。

そうですね、外にいるときは、楽しいけれど危険もいっぱいあります。

それに、大きな地震がきたら、みんなで一緒に逃げなくてはいけません。

いいですね？そういえばもう一つありましたね。

お花を摘んだり、木の枝を折ったりしないでくださいね。

Vocabulary

けが injured	**一人で** alone	**地震** earthquake
逃げる run away	**枝** twig	**折る** break off

Watch Out for a Stranger

Okay, let's enjoy ourselves until it's time to go back.

But please be careful not to get hurt.

And don't go where I can't see you.

Never be alone.

Does anyone know why?

There might be a stranger, so it's dangerous.

That's right, when we are outside, it's fun but there are a lot of dangerous things, too.

Also, if there's a big earthquake, we need to get to safety together.

Did you all get it? Oh, there is one more thing I need to tell you.

Don't pick flowers or break twigs off trees, okay?

Point 1 "get to safety together" （一緒に逃げる）

敢えて園児たちがわかりやすいよう safety を使った口語的な表現です。

safety「安全なところ」

直訳すると「安全なところに一緒に行きましょう。」

になりますが、逃げましょう、避難しましょうと表現することが出来ます。

ブランコに乗ろう

何をしようか？オニごっこする？

それより、ブランコに乗りたい！ここのブランコすっごく高くまでこげるんだよ？

じゃあ、ブランコに乗りたい人は、ここに並んでね。

はーい！

（待っている人は）この線から先に出てはだめですよ。

分かりましたか？危ないですからね。

それから、ブランコに乗るときは、真ん中に座ってね。

あー、もっとおしりを奥にして座って。

これでいいですか？

ええ、いいわ。座ったら、両手でしっかりと吊り具を握っているのよ。

離すと落ちちゃいますからね。わかりましたか？

Vocabulary

ブランコ swing
真ん中 middle
しっかりと tight
鉄棒 chin-up bar
後ろ behind
超える cross
本当に really

Go on the Swings

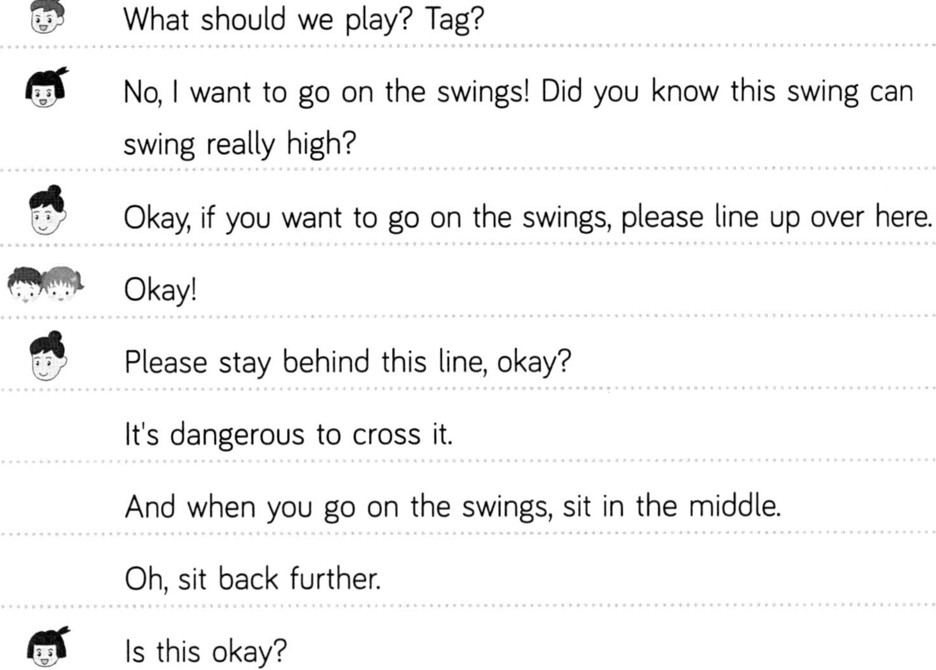

What should we play? Tag?

No, I want to go on the swings! Did you know this swing can swing really high?

Okay, if you want to go on the swings, please line up over here.

Okay!

Please stay behind this line, okay?

It's dangerous to cross it.

And when you go on the swings, sit in the middle.

Oh, sit back further.

Is this okay?

Yes, good. After you sit, hold the chains tight with both hands.

Don't let them go or you'll fall. Okay?

Point 1 "Hold the chains tight with both hands." （両手でしっかり吊り具を握っているのよ。）

hold ～ で、「握る」という意味を表します。

鉄棒や滑り台など外遊びで使うことの多いフレーズです。

with both hands で「両方の手で」を意味します。

左手ならば with your left hand のようになります。

みんなで数えましょう

先生、何回こいだらかわるんですか？

そうね、一人20回にしましょう。

だれか押してくれないかな？

はい、じゃあ、最初は先生が押しますよ。

待っている人はみんなで一緒に数えてちょうだいね。

ありがとう。

はい、こぎますよ。みんなで数えましょう。

1、2、・・・20。

はい、交代ね。ブランコがちゃんと止まってから降りるのよ。

Vocabulary

数える count

みんな everybody

順番 turn

Let's Count, Everybody

Sensei, after how many swings until we change to the next person?

Um, how about after 20 swings.

Can anybody push me, please?

Okay, I will do that for you.

For those waiting in line, please help to count.

Thank you.

Okay, start. Let's count, everybody.

One, two, … twenty.

Okay, next turn. Please get off after the swing stops completely.

Point 1 "How many swings ~?"　（何回こいだら～？）

ここではブランコーこぎを一回と数えて swing を名詞として使っています。

数、数量を聞く場合

可算名詞［数えられる名詞］How many ~s ?

How many books do you have? 下線部には名詞は複数形です。
（本を何冊持っていますか？）

不可算名詞［数えられない名詞］How much ~?

How much sugar do you want?
（砂糖をどれくらい必要ですか？）

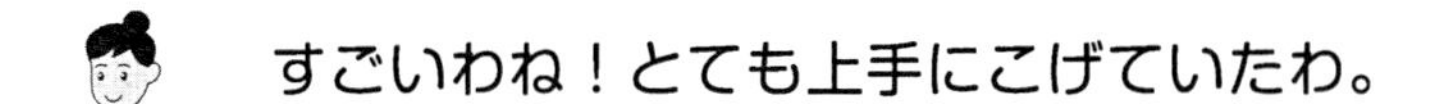

すごいわね！とても上手にこげていたわ。

あんまり高くこぐからブランコが折れ曲がってしまわないか心配だったわ。

すごく楽しい！もう一回やりたい！

それなら、もう一度並んでね。

先生、ぼく、ブランコ、立ち乗りできます。立ち乗りしていいですか？

立ち乗りは、年齢的に少し危険だわ。おうちの人が一緒の時に、やりましょう。

立ち乗りするとお靴でブランコの椅子のところに立つことになって汚れます。

座って乗ったほうがいいです、わかりましたか？

なんだ、つまんないの！日曜日におじいちゃんに連れてきてもらおう！

Vocabulary

回転する rotate　　**年の割に** for your age (for one's age)

靴を履いたままで with your shoes on (one's shoes on)

Don't Stand on the Swings

 Wow! You did swing well.

I worried that the swing would bend because you swung so high.

 It's so fun! I want to do it again!

 Then you need to line up again.

 Sensei, I can stand on the swing. Is it okay?

 Standing on the swing is a little dangerous for your age. You can do it when your parents are with you.

If you stand on the swings, you need to stand on it with your shoes on so the seat can get dirty..

Better you sit down, okay?

 Oh, that's no fun! I will ask my grandfather to come here with me on Sunday!

Point 1 "You did swing well!" （とても上手にこげていたわ！）

You swing well で、「上手にこげている」という意味になり、これに do を加えることで強調する表現になります。例文だと「こげていた」と過去のことなので、did を用いて、過去形にしています。例文のような場合だと、これは「とても上手に～できたね」と子どもたちをほめる表現になります。

Point 2 "Then, you need to line up again." （それなら、もう一度並んでね。）

then で、「それから ～」「それなら ～」という意味を表します。同じような使い方で、also ～「そのうえ ～」、moreover ～「そのうえ ～」などがあります。使い分けとしては、also は会話でよく使い、moreover は文章によく使われます。例文に出てきた、then は、日常によく用いられますので覚えておきましょう。

滑り台であそぼう

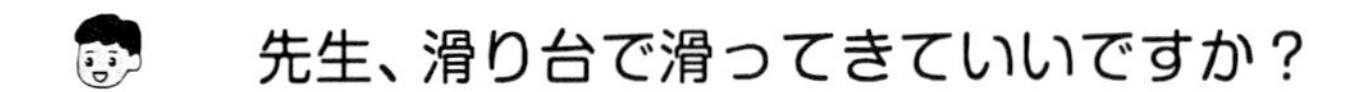

先生、滑り台で滑ってきていいですか？

もちろんよ。

でも、滑るときだけでなくて、登るときもしっかりと手すりを持って気を付けて登ってね？

たえちゃん、早く登ってよ！

みんな並んでいて列がつかえているから、ちょっと待ってね。

みんなも滑る順番を待っているから、それくらいは我慢しましょうね。

こういち君、踊り場で回りを眺めていないで。早く滑ってください。

みんな順番を待っているでしょ。

でも、先生、滑り台の上って、すごく遠くまでよく見えるんだよ。

Vocabulary

滑り台 slide　手すり handrail　我慢する be patient

急ぐ hurry　～に登る climb up

Going Down the Slide

Sensei, can I go down the slide?

Sure.

But make sure not only when you slide down, but when you are going up the slide, hold the handrails tightly, okay?

Hurry, climb up, Tae-chan!

Please wait. Everyone is in line and the line is not moving.

Everyone is waiting for their turn like you are, so please be patient.

Kouichi-kun, don't look around at the top. Slide down now, please.

Everyone is waiting for their turn.

I know but sensei, I can see all over the place from up here.

Point 1 "Hurry, climb up, Tae-chan!"（たえちゃん、早く登ってよ！）

climb up で、「～ に登る」という意味を表します。滑り台、ジャングルジムなどの遊具や木に「よじ登る」と言いたいとき、この表現を活用してください。

Point 2 "make sure not only when you slide down, but also when you are going up the slide"（滑るときだけでなくて、階段を登る時も）

not only A but also B（A だけでなく B も）

ここでは but also と入れてありますが、also を抜かしても表現ができます。

Point 3 "Be patient."（我慢しようね。）

be patient で、「我慢してね」という意味を表します。命令文は主語である You を省略して動詞から始めます。patient は我慢強い、忍耐強いという形容詞なので、形容詞の場合、BE 動詞をつけて表現をします。

滑り台を滑ろう

いいわよ。こういち君の番よ。滑って。

滑るよ！

膝を曲げてはだめよ！手すりから手を離してもだめよ。

それ！

足が砂場に着くまで立っちゃだめよ。

あ、たえちゃん、まだ滑らないで。

前の人が滑り台から離れてから滑ってちょうだい。

寝て滑ってもいいですか？

いいわよ。でも、うつ伏せはだめよ。仰向けにしてね。

Vocabulary

ひざ knee
着く reach
手放す let go
横になる lie
うつ伏せに face down
仰向け on your back

Sliding Down

Okay. It's your turn, Kouichi-kun. Slide down, please.

I'm sliding down!

Don't bend your knees! Don't let go of the handrails.

Here I go!

Don't stand up until you reach the sand.

Oh, Tae-chan, don't slide down yet.

You can slide down after the friend before you gets off the slide.

Can I lie on my back and slide down?

Okay. But not face down. Slide on your back, please.

Point 1 "Don't let go of the handrails."（手すりから手を離してもだめよ。）

let go of ～ で（掴んでいるものを）離す

離すものが明らかなときは let go だけで表現できます。

離してはだめと言う場合 Don't let go だけでも表現ができます。

Point 2 "face down"（うつ伏せに）

Sleep face down.（うつ伏せに寝る。）

on one's back あるいは face up（仰向けに）

Lie face up on the bed.（ベッドに仰向けに寝る。）

フクロウ博士のやってみよう ⑤

色々な表現を使ってみましょう。

正解したら☑

問題	答え	学習直後	検定直前
これはあなたの帽子ではないでしょ。 [　　][　　][　　] this is your hat.	I don't think	□	□
お昼の後、何するの？ [　　][　　][　　] do after lunch?	What do we	□	□
何をして遊ぶ？ [　　][　　][　　] play?	What do we	□	□
この鉄棒をにぎってね！ [　　][　　] to the chin-up bar!	Hold on	□	□
歌が上手ね！ [　　][　　] sing [　　]!	You do, well	□	□
上手にこの絵を描いたね！ [　　][　　] draw this picture [　　]!	You did, well	□	□
A：「今日は疲れたよ！」 B：「だったら、早く寝なさい」 A：I'm so tired today! B: [　　], you need to go to bed early.	Then	□	□
木に登りましょう。 Let's [　　][　　] the tree.	climb up	□	□
はしごをよじ登っていい？ Can I [　　][　　] the ladder?	climb up	□	□
私が外出している間、我慢していてね。 Please [　　][　　] while I'm out.	be patient	□	□

知っとこ ⑤

Can you ～？よりももっと丁寧な依頼の表現。
これらは目上の人などに丁寧にお願いするときに使える表現です。

Would you ～？
例：Would you call me back again, please?

Could you ～？
例：Could you open the window, please?

One More Phrase

Please don't slam the door.
（ドアをバタンと閉めないでね。）
↓
Please close the door gently.
（ドアはやさしく閉めてね。）

One More Phrase

No, that's not good. Just for looking!
（それはよくないわ。見るだけよ！）
↓
We shouldn't pick them. They are just for looking.
（お花はとらない（摘む）方がいいわ。見るだけにしましょうね。）

One More Phrase

No pushing, boys and girls!
（みんな、押してはだめよ！）
↓
Boys and girls, please keep your hands to yourself!
（みんな、手は体にピタッとつけておいてね。）

覚えておこう ⑤

生き物の親子の表現

犬	dog	puppy
猫	cat	kitten
牛	cow	calf
ひつじ	sheep	lamb
ぶた	pig	piglet
小鳥	bird	chick
馬	horse	colt
鹿	deer	fawn
鶏	hen	chick
セミ	cicada	larva
トンボ	dragonfly	naiad
クマ	bear	cub
アヒル	duck	duckling
白鳥	swan	cygnet

第6章　屋外保育②

Chapter 6　Outside Activities ②

砂場で遊ぼう

 今日は、砂場で遊びましょうか。

 やったー！

 お砂場セットを持ってくるのを、みんなで手伝ってくれる？

 何をもってくればいいの？バケツとスコップと熊手？
いくつずつ？

 じゃあ、それぞれ６個ずつ持ってきて。

 わかりました。こういちくん、たえちゃん一緒に取りに行こう！

 走らないでね。それと、ケンカしないで、仲良くね？

Vocabulary

砂場セット sandbox set

熊手 scraper

シャベル shovel

ケンカをしない no fighting

Playing in the Sandbox

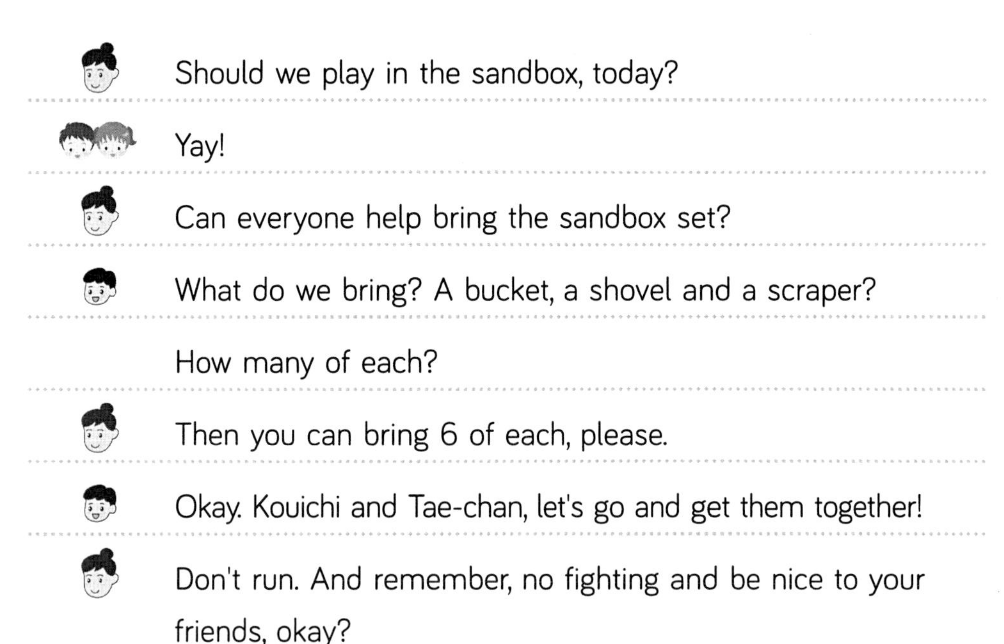

Should we play in the sandbox, today?

Yay!

Can everyone help bring the sandbox set?

What do we bring? A bucket, a shovel and a scraper?

How many of each?

Then you can bring 6 of each, please.

Okay. Kouichi and Tae-chan, let's go and get them together!

Don't run. And remember, no fighting and be nice to your friends, okay?

Point 1 "How many of each?" （いくつずつ？）

How many ～？ で､「いくつ ～？」という意味を表します。

How many books do you have?（何冊本を持っていますか？）のように＜How many＋名詞＞の後ろには疑問文の形が入ります。

例文は How many of each do you need？を略した形です。

「～ずつね。」と返答する場合は～ of each と言います。

体操服に着替えてね

砂場に行きますからみんな体操服に着替えてください。

女の子は保健室で、男の子はお部屋で着替えますよ。

着替えた服は畳んで、机の上に置きますよ。それと靴下も脱いでね。

お洋服を畳んだことがありますか？折り紙と同じようにします。

はい、こうやって、両肩のところを指でつかんで机の上に平らに置いて、二つ折りにして、それからもう一回折って、ほら四角形になりましたね。

その上に、ズボンやスカートを置きます。伸ばして置いてね？

靴下は、上履きの中にいれてね。砂場までは裸足で行きます。

先生、これでいいですか？

あら、こういち君上手ね。

いつも、洗濯物を畳むのを手伝っています。

ママがお仕事で帰るのが遅いから、おじいちゃんと一緒にタオルとか畳んでいます。

Vocabulary

靴下 socks	**体操服** gym clothes	**保健室** nurse's office
折る、たたむ fold	**つまむ** pinch	**裸足** bare foot

Changing into Gym Clothes

We're going to the sandbox, so change into your gym clothes.

Girls go to the nurse's office and boys stay in the classroom and change.

Fold the clothes you were wearing and put them on your desks. And take off your socks, too.

Have you ever folded clothes? Fold just like you fold origami paper.

Do like this, pinch the shoulders and place it on the desk flat, then fold in half, and then fold it once, see it becomes a square.

Please put your pants or skirt on the top. Try to flatten them, okay?

Please put your socks in your inside shoes. We're going to the sandbox with bare feet.

How's this, sensei?

Oh, good job, Kouichi-kun.

I always help to fold laundry.

My mom comes home from work so I fold towels with my grandfather.

Point 1 "fold" （折る）

以下の表現も知っておきましょう。

fold a sheet of paper into four（紙を四つ折りにする）

fold a sheet of paper in two（紙を二つに折る）

fold a sheet of paper in half（一枚の紙を半分に折る）

何を作っているの

何を作ってるの？

トンネルだよ！

上手だね！あら、お水が流れるの？

そうだよ！海につながるんだ！

すごいわねー！本物の川みたいよ！

こういち君、止めて！ぼくのトンネル触らないで！

津波だよ！地震がきました！

友達のトンネルをだめにしないで。ひろし君が嫌がってるよ。

Vocabulary

トンネル tunnel

本物の real　　**川** river

台なしにする、散らかす mess up

投げる throw

What are You Making?

What are you making?

A tunnel!

Very nice! Oh, does water run through it?

Yes! It goes to the ocean!

Wow!! It looks like a real river!

No, Kouichi-kun! Don't touch my tunnel!

It's a tsunami! The earthquake came!

Don't mess up your friend's tunnel. Hiroshi-kun doesn't like that.

Point 1 "What are you making?"　（何を作ってるの？）

What are you ～ ing？　で、「何を ～ しているの？」という意味を表します。

you are ～ ing は「今 ～ している」という意味を表し、what の後ろに続くことで上記のような意味を持ちます。

特に、What are you doing?「何しているの？」はよく使うフレーズなので、覚えましょう。

Point 2 "It looks like a real river!"　（本物の川みたいよ！）

～ look like・・・で、「～ は・・・みたい」という意味です。

～、・・・には名詞が入ります。

例文では ～ の部分が It［3人称単数］で、現在のことを言っていますから、look が looks になっています。

雲梯にチャレンジ

では、皆さん、向こうの遊具までいきます。

これは、雲梯といいます。

これで遊んだことがありますか？

先生、やったことがあります！

そうですか。では、こういち君、前にでてやってみてくれませんか？

皆さんは、腰をおろしてみていてください。

では、雲梯に上って、バーを握れますか？

はい、上手ですね！次のバーに渡れますか？

先生、うまくいかない。もう、だめです。下に落ちちゃう！

はい、大丈夫。先生が受け止めるから、手を離していいですよ。

こういち君、ありがとう！

Vocabulary

遊具 playground equipment
前に来て come up
雲梯 monkey bar
落ちる fall off

Monkey Bars

Okay, everyone, we are going to the playground equipment's area.

This is called a monkey bar.

Has anyone done this before?

Sensei, I do!

Good. Would you like to come up here and show us how to do it?

Okay, everyone please sit down.

Now can you climb up the monkey bar and grab it?

Good! Then do you think you can go to the next bar?

Sensei, I don't think I can do this. I can't hold on to it. I'm going to fall off!

That's alright. I can hold you so you can let go.

Thank you, Kouichi-kun!

遊具

ブランコ	swing
すべり台	slide
シーソー	seesaw
鉄棒	chin-up bar
ジャングルジム	jungle gym
スプリング遊具	spring riders
砂場	sandbox

教室に戻ろう

そろそろ時間になります。教室に戻りますよ。

えー！まだ遊びたい！

分かるけど、別のクラスも来るし、着替える時間もいりますからね。行きますよ。

先生、手が汚れました。

そうですね。足も手も砂だらけですね。

まず、みなさん、立って、手に付いた砂を払ってください。

手と手でこすり合わせると払えます。

次に、腕や足、特に膝に付いた砂を払ってください。

そこまで、いいですか？

そしたら、砂場の端に移動して、砂場の縁枠に腰かけて、足の指の間や足の裏についた砂を払ってください。

Vocabulary

足 feet (foot の複数形)　**他の** another　**汚い** dirty

縁 edge　**ここまで** so far

Going Back to the Classroom

 Okay it's almost time now. We're going back to the classroom.

 No! I want to play more!

 I know but another class is coming and we need time to get changed too. So, we need to go.

 Sensei, my hands got dirty.

 Yes. The sand is all over your feet and hands.

First, everyone, stand up get the sand off your hands first.

Try rubbing your hands to get them off.

Then, get the sand off your arms and legs especially your knees.

Are you okay so far?

And then, move to the side of the sandbox, and sit on the edge of the sandbox. Now, get the sand off between the fingers and the soles of your feet.

Point 1 "Are you okay so far?"　（そこまで、いいですか？）

so far の意味は､「今までのところ」。

他にも Are you with me so far?（ここまでお分かりですか？）とも表現できます。

例　She seems to be okay so far.（彼女は今のところ大丈夫そうね。）

などの表現もできます。

手と足をよく洗おう①

はい、そのまま、洗い場に移動しますよ。

壁に沿って並んで、手と足を良く洗ってください。いい？

こういち君、水の勢いが強いわ。蛇口を少しひねってくれる？

洗い終わったら、きちんときれいになったか、先生に手と足を見せてください。

洗いました。これでいい？

だめだめ。ちゃんと洗った？

足に砂がまだ残っているわよ。爪の間と指の間を見てごらんなさい。

えー？ちゃんと洗ったのに！

戻って、もう一度、ちゃんと洗ってきてね。

Vocabulary

爪 nail　　**弱める（火力、水力など）** turn down

Wash Your Hands and Feet Well ①

Now, let's go to the washroom.

Line up along the wall and wash your hands and feet well, okay?

Kouichi-kun, I think the water is too strong. Can you turn it down a little?

After you finish, come and show me if your hands and feet are clean.

I'm done. Is this okay?

No, no. Did you wash well?

You still have some sand left on your feet. Look at your nails and between your fingers.

Really? I washed them!

Go back and wash them well again, please.

Point 1 "You still have some sand left on your feet." (足に砂がまだ残っているわよ。)

some sand で、「いくらかの砂」という意味を表します。

砂は数えられない名詞で、量に関わらず、複数形では使いません。

sands と複数形にすると、「砂浜、砂漠」という別の意味を表す単語になります。

このように、単数形と複数形で意味が全く異なる言葉には身近な言葉もかなりあります。

ここで知識を増やしましょう。

単数形と複数形で意味が全く異なる言葉

day	日	days	時代
good	よい	goods	商品
work	仕事	works	工場
glass	グラス	glasses	メガネ

手と足をよく洗おう②

お友達の洋服に砂が付いていないか見てあげて。

もういいかな？

では、教室に戻って、着替えてください。

体操服は、体操着袋に入れて、今日持って帰って、おうちの人に洗ってもらいます。

ひろしくん、トンネル壊してごめんね。

いいよ。もう怒ってないよ。今度は一緒にもっと大きなトンネル作ろうよ。

五感で英語を学びましょう

触れる　touch　**（例）** I touched a tree. **（木に触れた）**

見る　see　**（例）** Do you see his house over there?
（彼の家が向こうに見えますか？）

味わう　taste　**（例）** I've never tasted anything like this.
（こういう味は初めて［初体験］です。）

聞く　hear　**（例）** I don't hear anything. **（何も聞こえない）**

嗅ぐ　smell　**（例）** I smell coffee. **（コーヒーの香りがする）**

Wash Your Hands and Feet Well ②

Please check if there's any sand left on your friend's clothes.

Is everyone ready?

Let's go in to the classroom and get changed.

Put your gym clothes in your drawstring bag and take them home to wash.

I'm sorry I messed up your tunnel, Hiroshi.

That's okay. I' m not mad anymore. Let's make a bigger tunnel together next time.

Point 1 "drawstring bag"（体操服袋）

園では体操服を布でできた「巾着袋」に入れます。

例文では「体操服袋」をDrawstring bagと訳しています。

3才児以上クラス 3-year-old class

＜毎日持ってくるもの＞ Things to Bring Everyday

（ひもつきタオル）a hand towel with a loop at the corner

（出席ブック）an attendance book

＜その都度持ってくるもの＞ Things to Bring When Needed

（着替え［着替え袋に入れて］）a change of clothes including underwear in a cloth bag

＜週末持ち帰るもの＞ Things to Bring Back on the Weekend

（パジャマ［パジャマ袋に入れてください］）pajamas, in a drawstring bag

（シーツ［布団に合うサイズのものを布袋に入れてください］）sheets that fit their rest beds for a nap, in a cloth bag

（毛布） a blanket

（園庭用外靴［外靴袋に入れて］） a pair of outside shoes

＜各個人のロッカー／整理ダンス＞ What to Store in your Cubby

（ズボン・肌着・上着など2組、ジャンパー［天候によって着用］）
two sets of pants, underwear, shirts, and a jacket［depending on the weather］

フクロウ博士のやってみよう ⑥

色々な表現を使ってみましょう。

正解したら☑

		学習直後	検定直前
何人の男の子がいますか？ [ ][ ] boys are there?	How many	☐	☐
何冊の本が必要ですか？ [ ][ ] books do you need?	How many	☐	☐
一人でＴシャツは脱げるかな？ Can you [ ][ ] your T-shirt by yourself?	take off	☐	☐
戻ったら、靴を脱いでね。 [ ][ ] your shoes after you come back.	Take off	☐	☐
何を描いているの？ [ ][ ][ ] drawing?	What are you	☐	☐
何を食べているの？ [ ][ ][ ] eating?	What are you	☐	☐
あの雲はゾウさんみたい！ That cloud [ ][ ] an elephant!	looks like	☐	☐
この絵は本当のリンゴみたい！ This picture [ ][ ] real apples!	looks like	☐	☐
雨が降っているから外に行けないよ。 It is raining, [ ] we can't go outside.	so	☐	☐
ママが来るから行かなきゃ！ Mommy is coming, so I [ ][ ] go!	have to	☐	☐
使ったら蛇口を閉めてね。 [ ][ ][ ][ ] after you use it.	Turn the faucet off	☐	☐

知っとこ ⑥

こんなとき、how do you say?

（一人で大丈夫［持てる］?）
Can you carry them by yourself?

（お友達に砂をかけてはいけませんよ！）
Please don't throw the sand at your friend!

（点検補充をお願いします。）
Recommend to check periodically.

（週初めに持ってきてください。）
Please bring them back on the first day of the week.

（園で借りた服・パンツなどは必ず洗濯してお返しください。）
Please bring them back on the first day of the week.

（園で借りた服はすべて洗って返却してください。）
Any clothes you borrowed from school, please wash them and return to the school.

One more phrase

Don't mess up your friend's tunnel.
（お友達のトンネルを壊さないで！）
↓
Please be respectful to your friend's tunnel.
（お友達のトンネルを大事にしてあげてね。）

No, no, use some soap and wash well.
（だめだめ、ちゃんと石鹸をつけて、よく洗って。）
↓
It's better to use soap and wash well.
（石鹸をつけてよく洗ったほうがいいわよ。）

Take the sand off your clothes.
（服に付いた砂をとってね。）
↓
Brush the sand off your clothes.
（服に付いた砂をはたいてね。）

ABC

覚えておこう ⑥

生き物の鳴き声

(ヒツジ)	メーメー	baa baa
(フクロウ)	ホーホー	tu-whit tu-whoo
(イヌ)	ワンワン	bow wow
(スズメ)	チュチュ	chirp
(ウマ)	ヒヒーン	neigh neigh
(ウシ)	モーモー	moo moo
(ブタ)	ブーブー	oink oink
(ネズミ)	チューチュー	squeak squeak
(ヒヨコ)	ぴよぴよ	cheep cheep
(カラス)	カーカー	caw caw
(カッコウ)	カッコー	cuckoo
(カエル)	ケロケロ	croak croak
(アヒル)	ガーガー	quack quack
(ハチ)	ブンブン	buzz buzz

第7章　お昼の時間

Chapter 7　Lunch Time

シーン1	食事の準備をしましょう	Getting Ready for Lunch
シーン2	好き嫌いをしないでね	Don't be Picky
シーン3	お箸の使い方が上手ね	You're Pretty Good with Those Chopsticks
シーン4	お茶のおかわりをください	More Tea, Please
シーン5	片付けをしよう	Let's Start Cleaning Up
シーン6	歯を磨こう	Brushing Our Teeth

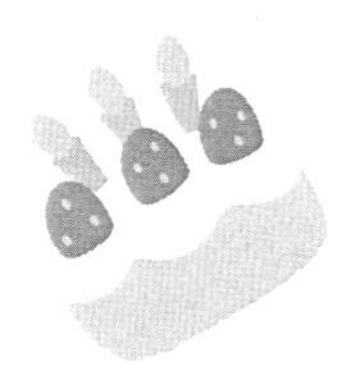

食事の準備をしましょう

今から、お昼にしますよ！

机の上を片付けて、お昼の準備をしてください。

では、手を洗いにいきましょう。

お腹すいたね。グーグーなってる。

今日、寝坊して、朝、食べてこなかったから、すごくお腹すいた。

あら、朝食食べて来なかったの？

それじゃあ、お腹すいたでしょう。

朝食は大事です。寝坊しないようにして、ちゃんと食べてきてね？

手を洗ったら、お席に戻って下さい。

Vocabulary

机 desk　**準備する** get ready

お腹 tummy　**朝食** breakfast

Getting Ready for Lunch

We are going to start our lunch now!

Let's clean up your desks and get ready for lunch.

Okay then, let's go and wash your hands.

I'm so hungry. My tummy is growling.

I overslept this morning, so I didn't have my breakfast so I'm hungry.

Oh, you didn't have your breakfast?

You must be hungry.

Breakfast is very important. Try not to oversleep and eat your breakfast, okay?

Come back to your seat after you finish washing your hands.

Point 1 "growling"（[お腹が] グーグー鳴る）

この他に動物がうなる時も growling を使います。

Point 2 "finish Ving"（～し終える）

finish の後には必ず動名詞を使います。

I want to finish reading this book by tomorrow.（明日までにこの本を読み終えたいです。）

好き嫌いをしないでね

みなさん、きちんと座ってください。

では、食事のときの初めのあいさつをしますよ。

手を合わせて、「いただきます」

わー！ニンジンだ！食べたくない！大嫌い！

こらこら、好き嫌いはしないで食べましょうね。

少し食べたら、好きなものを食べて、また少し食べるようにしてみたら。

わかりました。

今日のニンジンはすごく柔らかくて、ポテトと一緒に食べるとおいしいよ。

ひろし君、ありがとう。ひろし君が応援してくれているわよ。

Vocabulary

ニンジン carrot

やわらかい soft

えり好みをする picky

嫌う hate

応援する cheer up

Don't be Picky

Everyone, sit nicely.

Okay, we are going to say a 'before meal' greeting together.

Put your hands together and let's say "itadakimasu."

Yuck, a carrot! I don't want to eat this! I hate it!

Excuse me, don't be picky.

Try a bite of carrot, then a bit of something you like, then some carrot again.

Okay.

Today's carrot is so soft and it goes well with the potatoes.

Thank you, Hiroshi-kun. Hiroishi-kun is cheering you up.

Point 1

好き嫌いをする園児への声のかけ方の表現

（みんな、頑張って食べようね。） ［子どもたちに声をかける時］

↓

Let's try and eat.

（頑張って食べようね。） ［子ども一人に声をかける時］

↓

Please try and eat.

お箸の使い方が上手ね

今日のお昼は、スプーンでもお箸でも、好きな方を使って食べてください。

ひろし君、お箸の使い方が上手ね。

ママに教えてもらったの。

そうなのね！

スプーンを使っている人は、先生の方を見て。

こんな風に鉛筆握りができていますか？

スプーンの鉛筆握りがきちんとできるようになると、お箸も上手に使えるようになりますよ。

お箸こんな持ち方じゃだめ？

それじゃあ、お箸が二本に分かれている意味がないわね。

鉛筆を持つように今度みんなでお箸の持ち方を練習しましょう。

上手になると、おうちの人もびっくりしますよ。

何かをつかむときに、お箸の間に中指を置かないと上手に挟めませんよ。

Vocabulary

箸 chopsticks　teach **の過去形** taught　**分かれている** split

驚く be surprised　**鉛筆** pencil

You're Pretty Good with Those Chopsticks

You can use a spoon or chopsticks to eat today's lunch.

Hiroshi-kun, you're pretty good with those chopsticks.

My mommy taught me.

I see!

Those of you using a spoon, watch me, please.

Are you holding a spoon like you grip a pencil?

After you can hold a spoon like this then you can use chopsticks, too.

Can't I hold chopsticks like this?

If you hold it that way, there's no point in having two chopsticks.

Try holding chopsticks like you hold a pencil next time.

Your parents will be surprised to see you use chopsticks.

You can't hold them well if you don't place your middle finger between the chopsticks to pick up something.

お箸を使うこと Using Chopsticks

小さな園児たちにとって、お箸を使うのは何回か練習が必要です。お箸が使えるようになると、便利なだけでなく、細かい運動のスキルの発達を促す活動や、鉛筆を持つなどの細かいタスクを達成するために使う手の筋肉の発達にも役立ちます。

For smaller children, it will take a few tries. It's not just useful for learning how to use chopsticks, it's also a great fine-motor activity and will help them develop the hand muscles that they need to hold a pencil.

お茶のおかわりをください

先生、お茶のおかわりください。

はい、どうぞ。コップは傾けないで、まっすぐ持っていてね？

熱くて持てないです！

ごめんね。すこし、お水を入れて冷まそうね。

こぼさないように、両手でもってください。

お茶が揺れないようにゆっくりと歩いて席に戻ってくださいね。

席に戻ったら、静かに机の上に置いてね。

上手よ。こぼれなかったわね。

すごく緊張しちゃったー。

Vocabulary

こぼす spill
緊張 nervous
ものを傾ける tip
冷やす cool down
お茶碗 bowl
揺らす shake
加える add

More Tea, Please

More tea, please.

Here you are. Hold the cup straight, don't tip it, okay?

I can't! It's too hot!

Oh, sorry. Let's add some water to cool it down.

Hold the cup with both hands or you'll spill the water.

Try to carry the tea carefully back to your seat.

Place the cup carefully on your desk when you get back.

Good that you didn't spill the tea.

I was so so nervous.

Point 1 "Here you are." （はい、どうぞ。）

Here you are は「はい、どうぞ」という意味で使われます。もともと、「あなたはここにいます」という意味になりそうですし、細かい文法を考えると意味が一致しないのですが、こういう場面で使うフレーズだと覚えましょう。

ちなみに、「もしもし」とか「こんにちは」を hello と言いますが、hello はもともと英語表現になく、エジソンが電話を開発したとき、記者から電話口で最初に何といえばよいですかという問いにとっさに思いついた言葉が、使われるようになったものです。

Point 2 "I can't, it's too hot." （熱くて、持てないです。）

～ is too・・・で、「～ は…すぎる」という意味を表します。

～ には bowl などの名詞、・・・には hot などの形容詞が入ります。

I can't は「私はできない」という意味を表します。

つまり「コップが熱すぎて持てない」、という意味になります。

片付けをしよう

皆さん食べ終わりましたか？

お片付けを始めますよ。

トレーをワゴン車まで持ってきてください。

このティッシュはどこに捨てたらいいですか？

ゴミは、燃えるゴミと燃えないゴミに分けて捨ててくださいね？

燃えるゴミ用のゴミ箱に捨ててきました。

ありがとう。そこに落ちているゴミも拾って、ゴミ箱に捨ててきてくれる？

わかりました。これは、燃えないゴミかな。

Vocabulary

ゴミ trash
ゴミ箱 trash can
捨てる throw away
分ける separate
不燃性の non-burnable
可燃性の burnable

Let's Start Cleaning Up

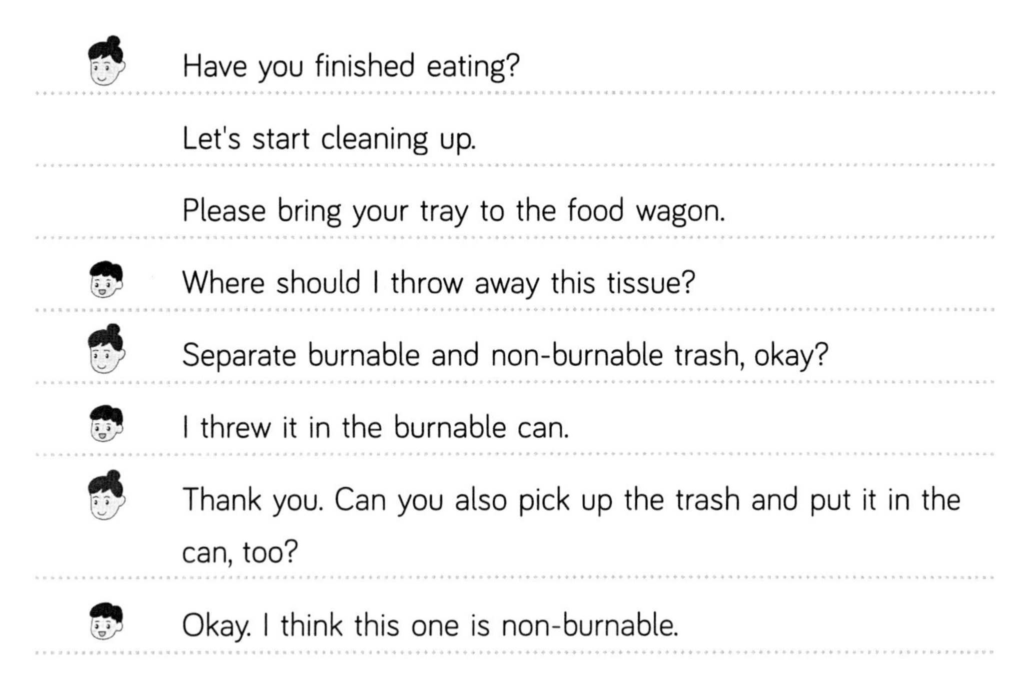

Have you finished eating?

Let's start cleaning up.

Please bring your tray to the food wagon.

Where should I throw away this tissue?

Separate burnable and non-burnable trash, okay?

I threw it in the burnable can.

Thank you. Can you also pick up the trash and put it in the can, too?

Okay. I think this one is non-burnable.

Point 1　"Can you also pick up the trash and put it in the can?"（そこに落ちてるゴミも拾って、ゴミ箱に捨ててきてくれる？）

pick up ～ は、「～［もの］を拾う、［人］を迎えに行く」という意味を表します。

「拾う」と「迎えに行く」では全然違う行為に思えますが、日本語でも迎えに行くとき、車で拾うという言い方をします。

歯を磨こう

お片付けが終わりましたね。

では、歯磨きをしますから、棚から自分の歯ブラシとコップとハンカチを取ってきてください。

歯磨きって、いやだよね。

こらこら、そんなこと言うんじゃありません。

食事が終わったら、歯磨きをしないと、虫歯になってしまうわよ。

一回くらいしなくてもいいやと思うかもしれないけど、口の中のばい菌が増えてしまいます。

はい、ちゃんと磨きます。

うん、ありがとう。
でもそんな短い時間ではだめよ。

上の歯の奥歯から順番に内側、外側、次に下の歯をよく磨いてくださいね。

磨き終わったら、ちゃんとうがいして。

こういち君、もっと、前かがみになって口をゆすいでください。

吐き出すときに水がお洋服にはねてしまいますからね。

Vocabulary

磨く brush
歯 tooth **の複数形** teeth
はねる splash
歯ブラシ toothbrush
虫歯 cavity

Brushing Our Teeth

We are done with cleaning up.

Now we are going to brush our teeth. Please bring your toothbrush, cup and handkerchief from the shelf.

I don't like brushing my teeth.

No, no. Please don't say that.

If you don't brush your teeth after every meal, you'll get cavities.

You might think that you can miss once, but there will be lots of germs in your mouth.

Okay, I'll brush my teeth.

Thank you for understanding. But it's not okay to finish in a short time.

You need to brush from the upper back teeth then inside, the outside and then brush lower teeth.

After you finish brushing your teeth, rinse your mouth well.

Kouichi-kun, please lean forward more and rinse.

When you spit the water out, the water will splash on your clothes.

Point 1 "I don't like brushing my teeth." （歯磨きって、いやだよね。）

I don't like ～、「～ は嫌いです」という意味を表します。

フクロウ博士のやってみよう ⑦

色々な表現を使ってみましょう。

正解したら☑

		学習直後	検定直前
「このお人形をいただけますか？」 「はい、どうぞ。」 "Can you give me this doll?" "[　　][　　][　　]."	Here you are	□	□
「あのアイスが欲しい。」「はい、どうぞ。」 「うー、冷たすぎるよ。」 "I want that ice cream." "Here you are." "Oh, [　　][　　][　　]."	it's too cold	□	□
「この本は難しすぎる。」 "This book [　　][　　] difficult."	is too	□	□
お部屋の中を走らないで、そうでないとお友達にぶつかっちゃうわよ。 Don't run in the room, [　　] you'll run into your friends.	or	□	□
床の上の本を拾ってね！ Please [　　][　　] these books on the floor!	pick up	□	□
「ニンジン食べたくない。」 「ダメよ、頑張って食べようね。」 "[　　][　　][　　][　　] eat carrots." That's not good, let's try and eat them."	I don't want to	□	□

知っとこ ⑦

One more phrase

We are starting lunch now!
（今から、お昼にします！）
↓
It's lunch time now!
（お昼の時間ですよ！）

Okay, then let's go and wash your hands.
（はい、それでは手を洗いに行きましょう。）
↓
Okay, then let's go and wash our hands.
（はい、それでは手を洗いに行きましょう。）

Please don't make any noise when you are eating.
（クチャクチャ言わせて食べてはだめよ。）
↓
Please eat quietly, okay? It's not nice to make noise while eating.
（静かに食べてね、わかった？食べてる間、音をたてるのはよくないのよ。）

If you don't brush your teeth properly, you'll get cavities!
（歯磨きをきちんとしないと、虫歯になっちゃいますよ！）
↓
We must brush our teeth properly, so we don't get cavities.
（きちんと歯を磨いて虫歯ができないようにしようね。）

こんなとき、how do you say?

（机、片付けたかな？）
Have you finished cleaning your desks?

（歯磨きしようね。）
Let's brush our teeth.

覚えておこう ⑦

園の給食に出る野菜とメニュー

カボチャ	pumpkin
キャベツ	cabbage
キュウリ	cucumber
ゴボウ	burdock root
サツマイモ	sweet potato
シイタケ	shiitake mushroom
ジャガイモ	potato
ダイコン	daikon
ニンジン	carrot
ピーマン	green pepper
ホウレンソウ	spinach
レタス	lettuce
モヤシ	bean sprout
セロリ	celery
ブロッコリー	broccoli
カリフラワー	cauliflower
タマネギ	onion

第８章　お昼寝

Chapter 8　Nap Time

お昼寝の時間です

お昼寝の時間です。お部屋のお片付けを手伝ってくれますか？

お布団を敷きますよ。

まだ、眠たくないよ。

でも、ちゃんと寝ないと大きくなれないわよ。

お布団が敷けるように、お片付けしましょうね。

はーい。

では、パジャマを棚から持ってきて、着替えてね。

間違えて、お友達のを持ってこないようにしてくださいね。

Vocabulary

準備する prepare　**もし…でなければ** unless　**お昼寝** nap

パジャマ pajamas　**寝具** bedding

Nap Time

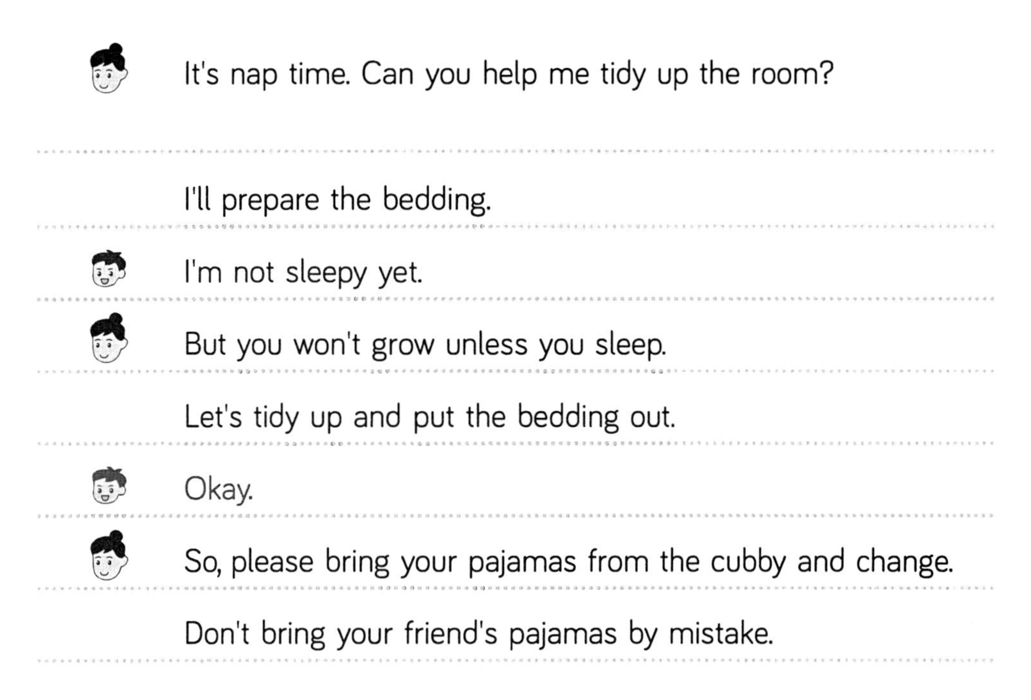

It's nap time. Can you help me tidy up the room?

I'll prepare the bedding.

I'm not sleepy yet.

But you won't grow unless you sleep.

Let's tidy up and put the bedding out.

Okay.

So, please bring your pajamas from the cubby and change.

Don't bring your friend's pajamas by mistake.

Point 1　"I'll prepare the bedding."　（お布団を敷きますよ。）

I'll prepare　～で、「～を準備します」という意味を表します。
「 準備をする」という表現には、他にget ready があります。
<be動詞＋ready>でis preparedと同じ意味になります。

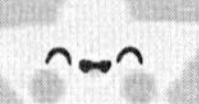

袖をまくります

パジャマのボタンを留めて、服はきちんとたたんでね。

ボタンが留められないよー！

先生が手伝ってあげるから、ちょっと待ってて。

先にズボンをはき替えて待っててくれる？

はい、ズボン履き替えるね。

ひろし君、パジャマの袖が、長いよね？

小さいおててが見えないよ。

袖をまくってあげるわね。

ありがとう！手が見えた。

シャツを入れてパンツを上げてね？

Vocabulary

ボタンを留める button up　**～の間** while　**袖** sleeve

まくる roll up　**入れる** tuck in

Rolling Up Our Sleeves

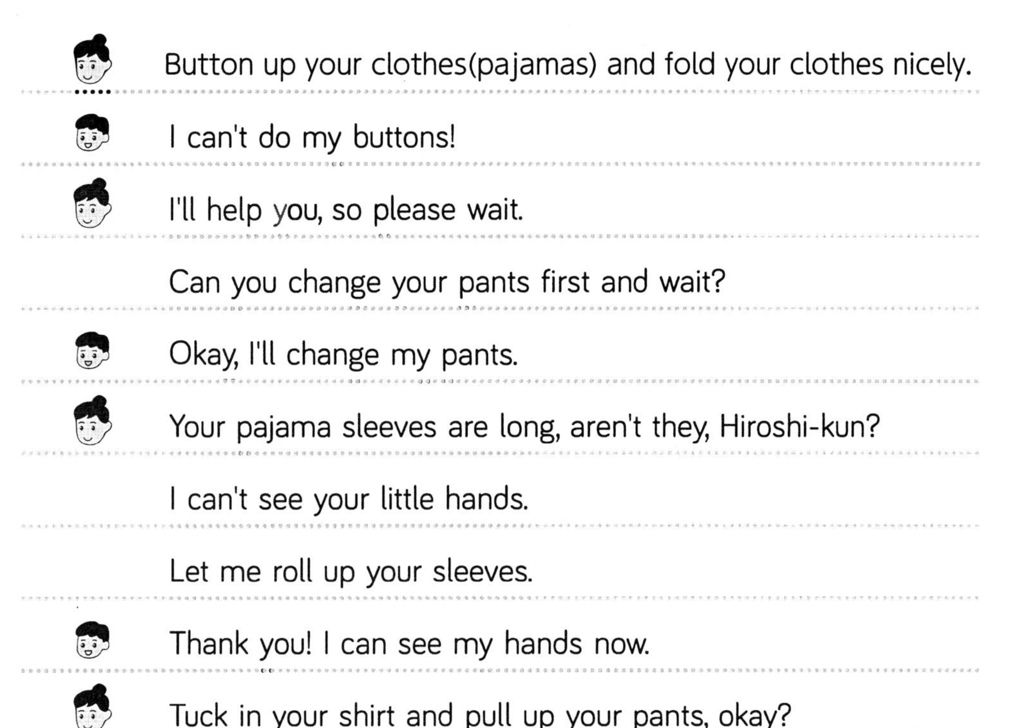

Button up your clothes(pajamas) and fold your clothes nicely.

I can't do my buttons!

I'll help you, so please wait.

Can you change your pants first and wait?

Okay, I'll change my pants.

Your pajama sleeves are long, aren't they, Hiroshi-kun?

I can't see your little hands.

Let me roll up your sleeves.

Thank you! I can see my hands now.

Tuck in your shirt and pull up your pants, okay?

Point 1　"Your pajama sleeves are long, aren't they, Hiroshi-kun?"（ひろし君、パジャマの袖が、長いよね？）

～, aren't they? で、「～、ですよね？」と相手に確認をとる意味を表します。

この文末につく簡単な疑問形のことを付加疑問と言います。肯定文の後に否定形の付加疑問をつけることがポイントです。この語法は会話特有の語法で、会話ではよく使われるので、しっかり身につけましょう。

付加疑問の基本

①付加疑問文は、肯定文につける場合は否定形、否定文につける場合は肯定形にします。

②付加疑問文の中の主語は、必ず代名詞になります。(例) Hiroshi-kun is fine isn't he?

③付加疑問の前には、カンマ「,」をつけます。

④付加疑問文の末尾には、「?」をつけます。
(例) Hiroshi-kun has a book doesn't he? (ひろし君は本を持っていますよね?)
(例) Hiroshi-kun isn't wrong, is he? (ひろし君は間違えてないよね?)

⑤疑問符で終わりますが、実際話すときイントネーションは下げます。

まぶしいよ

お布団に入る前にトイレに行ってくださいね。

オシッコ出ないから、 トイレ行かない。

大丈夫？では、お布団に入って、目を閉じてくださいね？

まぶしいよ！

分かりましたよ。では、お部屋の明かりを消しますよ。おやすみ！

先生、何かお話して。

お話してあげたいけどお話しているとお昼寝の時間が終わってしまうから、お昼寝から起きたらしてあげますね。

Vocabulary

明るい bright

(電気を)消す turn off

go の過去形 went

It's Too Bright

Please go to the bathroom before going to your bed.

I don't have to pee. So, I'm not going.

Are you sure? Then go to bed and close your eyes, alright?

It's too bright!

Okay. I'm turning off the light now. Have a nice nap!

Sensei, can you tell me a story please?

I would love to, but if I do, nap time will be over.
I'll tell you a story after nap time.

Point 1 "go to bed"（布団に入る）

go to bed で「眠る」という意味ではなく、「ベッドに入る、布団に入る」という意味を表します。

go の過去形は went です。

Point 2 "Have a nice nap."（おやすみ。）

「良い睡眠を持つ」→「ぐっすり寝る」という意味から、「おやすみなさい」を表します。

ここでは、似たような表現を紹介しましょう。

Have a nice dream!（いい夢みてね！）

Have a nice trip!（いい旅してね！）

起きる時間です

はい、起きる時間ですよ！

電気をつけますよ。

まだ、眠たい。

気持ちはわかるけど、時間だから頑張って起きてちょうだいね？

いやー。眠いー。もっと寝たい。

はいはい、ぐずぐず言わないでね。

お布団しまいますよ。

起きて、みんなで楽しいことしましょう。

ほんとに楽しいの？それなら、起きるね！

お着替えが終わってからかな。お顔を洗いに行きますよ。

Vocabulary

（電気を）つける turn on　**起きる** wake up　**まだ** still

Time to Wake up!

It's time to wake up!

I'm turning on the lights now.

I'm still sleepy.

I know how you feel, but it's time to wake up, so let's try, alright?

No. I'm sleepy. I want to sleep more.

Okay, stop whining, please.

I'm putting the bedding away.

Let's wake up and have some fun.

Is it really going to be fun? Okay, then I'll wake up!

After you finish changing. Let's go and wash your face.

Point 1 "I know how you feel." （気持ちは分かる。）

I know ～ で、「～ を知る、～ が分かる」の意味を表します。これに例文では程度を示す how ～ を加えて、「～ がどのようなのかわかる」という意味を表しています。

Point 2 "I want to sleep more." （もっと寝たい）

～ more で、「もっと ～」の意味を表します。more は、much の比較級で、much でも「もっと」という意味を表しますが、比較級を用いることで、より強調を表しています。なお、比較級としての基本的な用法は、＜more ～ than ・・・＞で「・・・よりも、より ～」です。

例：This picture book is more interesting than that one.（この絵本は、あの絵本よりもさらにおもしろいです。）

フクロウ博士のやってみよう ⑧

色々な表現を使ってみましょう。

		正解したら☑ 学習直後	検定直前
母が晩ご飯の準備をします。 Mom [ ] [ ] dinner.	will prepare	□	□
出発する準備をしなさい。 You should [ ] to leave.	prepare	□	□
あなたは、ひろし君だよね？ You are Hiroshi-kun, [ ][ ]?	aren't you	□	□
猫が好きじゃないよね？ You don't like cats, [ ][ ]?	do you	□	□
すぐにベッドに入りたい。 I want to [ ][ ][ ] soon.	go to bed	□	□
僕は紙飛行機をどのように作るか知ってるよ。 I [ ] how to make a plane.	know	□	□
君が僕のことをどう思っているのかわからない。 I don't [ ] what you think about me.	know	□	□
もっと食べたい。 I want to eat [ ].	more	□	□
私は誰よりもあなたを愛してる。 I love you [ ] than anyone else.	more	□	□

ABC

知っとこ ⑧

One More Phrase

But you won't grow unless you sleep.
（でも、ちゃんと寝ないと大きくなれないわよ。）

↓

If you want to grow, you need to sleep.
（大きくなりたければ、ちゃんと寝ないとね。）

I'll help you, so wait a bit.
（私が手伝ってあげるから、ちょっと待って。）

↓

I'll help you, just wait a bit, please.
（私が手伝ってあげるから、ちょっと待っててね。）

こんなとき、how do you say?

（ボタンが硬くてできないよ。）　[とめる / はめる]
They're too tight!

（[着ているシャツなど] がきついよ。）　[小さい]
It's too tight.
（シャツなどを受けて単数）

覚えておこう ⑧

園児の好きな食べ物

イチゴ	strawberry
カキ	persimmon
サクランボ	cherry
スイカ	watermelon
ナシ	pear
パイナップル	pineapple
バナナ	banana
ブドウ	grape
ミカン	mandarin orange
メロン	melon
モモ	peach
リンゴ	apple
キウイ	kiwi
ブルーベリー	blueberry
オレンジ	orange
ラズベリー	raspberry

第9章　帰りの時間

Chapter 9　Going Home

帰る時間です

そろそろ、帰る時間ですよ。帰る準備をしましょう。

今日は楽しかったですか？

はい、楽しかったです！

今日もみんなケガもなく過ごせて先生も安心しています。

おうちの人が迎えに来てくれている人から順番に帰りましょうね。

今から、連絡帳を返します。

園バッグにしまってくださいね？

名前を呼ばれたら、取りに来てください。

Vocabulary

家に帰る go home

連絡帳 message book

リュックサック backpack

痛む hurt

Time to Go Home

It's almost time to go home. Let's get ready.

Did you have a good day?

Yes, I had fun!

I'm happy that everyone spent the day safely, without anyone getting hurt.

For the students whose parents are here, you can go.

I'm going to return your message book.

Put it in your backpack, okay?

When your name is called, please come up and get it.

Point1 "Did you have a good day today?"（今日は楽しかったですか？）

have a good day は、「楽しい1日を過ごす」という意味のフレーズです。例文は、Did you ～ today? と尋ねていますから、「今日のうちの今までの時間」を指して、「今日」と表現したうえで、「今日はよい1日だった？」と聞いています。

Have a good time!（楽しい時間を過ごしてね！）

Have a good night!（よい夜を過ごしてね！）

Point 2 "Put it in your backpack." （園バッグにしまってくださいね。）

put ～ in [on]・・・で、「・・・の中(上)に～をしまう、置く」という表現を表しています。「～ の中に」と言いたいときは in を用い、「～ の上に」と言いたい場合は on を用います。

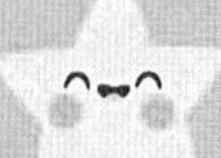

帰ったらうがいをしましょう

おうちに着いたら、何をしますか？

「ただいま」と言います。

そうですね。その後は？

手を洗って、うがいをします。

そのとおり！皆さんも必ずやってくださいね？

明日もみんなと会えるのを楽しみにしています！

では、立ってごあいさつしましょうね。

はーい。

では、みなさん、さようなら。また、明日！

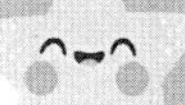

Gargle When you Get Home

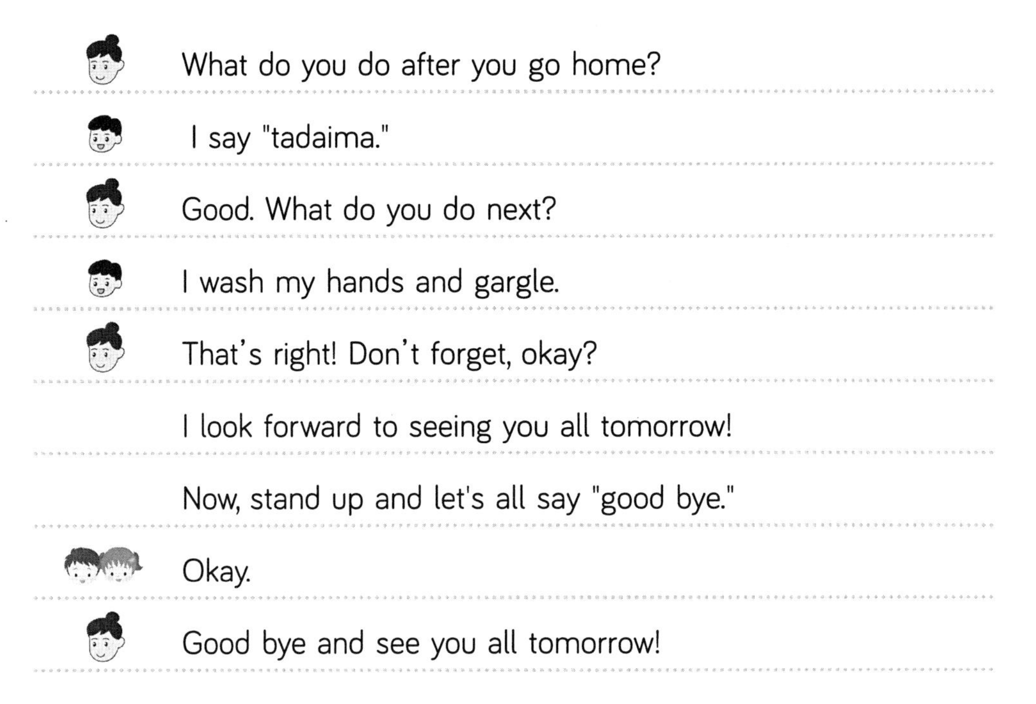

What do you do after you go home?

I say "tadaima."

Good. What do you do next?

I wash my hands and gargle.

That's right! Don't forget, okay?

I look forward to seeing you all tomorrow!

Now, stand up and let's all say "good bye."

Okay.

Good bye and see you all tomorrow!

Point 1 "What do you do next?"　（その後は？）

直訳すると「次は何をしますか？」

簡単な表現ですが、いろんな場面で使える便利なフレーズです。

Point 2 "Don't forget, okay?"　（必ずやってくださいね？）

会話の流れでお互い何を忘れないようにしたらいいのかわかるので、Don't forget. だけで理解することが出来ます。もちろん Don't forget to wash your hands and gargle. と言っても大丈夫です。

フクロウ博士のやってみよう ⑨

色々な表現を使ってみましょう。

正解したら☑

		学習直後	検定直前
「ママ、バイバイ！」 「バイバイ。楽しい一日を過ごしてね！」 "Bye, mom!" "Bye, [ ][ ][ ][ ]!"	have a good day	□	□
この箱の中にボールを入れてね。 Please [ ] the ball [ ] the box.	put in	□	□
「ジョンは元気だよ！」 「メアリーはどう？」 「メアリーも元気だよ。」 "John is fine." "[ ][ ] Mary?" "She is fine, too."	How about	□	□
「このニンジン食べたくないよ！」 「トマトはどう？」 「これは好き！」 "I don't like to eat carrots." "[ ][ ] tomatoes?" "I like them."	How about	□	□

知っとこ ⑨

“I look forward to seeing you all tomorrow!”
（明日もみんなと会えるのを楽しみにしています！）

＜look forward to ～ ＋ing＞で、「～ するのを楽しみにしている」という意味を表します。

例文のときに、to の後には seeing など ～ ing の形が来ることが重要です。

“Good-bye and see you all tomorrow!”
（では、みなさん、さようなら。また、明日！）

good bye は「さようなら」、see you tomorrow は「また明日」というフレーズです。

どちらもよく使うフレーズなのでそのまま覚えてしまいましょう。

ここでは、さようならのときによく使う表現を紹介します。

Have a nice weekend!　（楽しい週末を過ごしてね！）

Take care!　（気を付けてね！）

See you later!　（また後でね！）

こんなとき、how do you say?

（机の下にイスを入れてくださいね。）

↓

Put your chair back under your desk.

覚えておこう ⑨

園の周りにいる昆虫

カブトムシ	beetle
アリ	ant
クワガタ	stag beetle
カマキリ	mantis
セミ	cicada
蝶(チョウ)	butterfly
テントウムシ	ladybug
トンボ	dragonfly
ハエ	fly
ハチ	bee
バッタ	grasshopper
コオロギ	cricket
ホタル	firefly
さなぎ	pupa
幼 虫	larva
蚊	mosquito
みみず	earthworm

第10章 乳児保育

Chapter 10　Infant Care

シーン1	アンヨが上手	Pulling Yourself Up
シーン2	何色が好きかな	What Color Do You Like?
シーン3	おいちいねー	Yummy!
シーン4	レシピを教えます	I'll Tell You the Recipe

アンヨが上手

ほら、大好きなチンチムリの音楽ですよ。

はい、はい、ジャンプ、ジャンプ、チンチムリー。

どれくらい、つかまり立ちできるかなー？

先生、手を離すわよー。

すごいすごい！たっちが上手ね。

おしりがドーン。

ほら、先生、ひなちゃんがすきなクマさんもってるよー。

ヨイショ、ヨイショ、頑張ってここまでおいで。

Vocabulary

ジャンプ jump

つかまり立ち hold oneself up

Pulling Yourself Up

This is your favorite music, tinntimuri.

Yes, yes, jump, jump. Tintimuri.

Let's see how long you can hold yourself up?

I'll let my hands go of your hands.

Great! You're standing well.

Drop down on your bottom.

Here, Hina-chan, I'm holding your favorite bear.

Come on, come on, try to come here.

Point 1　**"How long can you pull yourself up?"　（どれくらいつかまり立ちできるかな？）**

How long ～ は「どのくらい ～」を意味し、期間や長さを尋ねる表現です。

Point 2　**"pull oneself up"　（つかまり立ちをする）**

My son can pull himself up now.（私の息子はつかまり立ちができるようになった。）と表現できます。

何色が好きかな

ひなちゃんは、どの色のアヒルさんが好きかな？

好きな色を指させるかな？

そうか、赤いアヒルさんが好きなのね。

ほら、みて、このボールの色も同じだね。赤い色だね！

このアヒルさんは、赤いアヒルさんの友達だよー。

このアヒルさんは、青いアヒルさんなんだよー。

アカ、アオ、先生のお口を見て。ほら、言えるかな？

Vocabulary

アヒル duck

指す point

好きな favorite

What Color Do You Like?

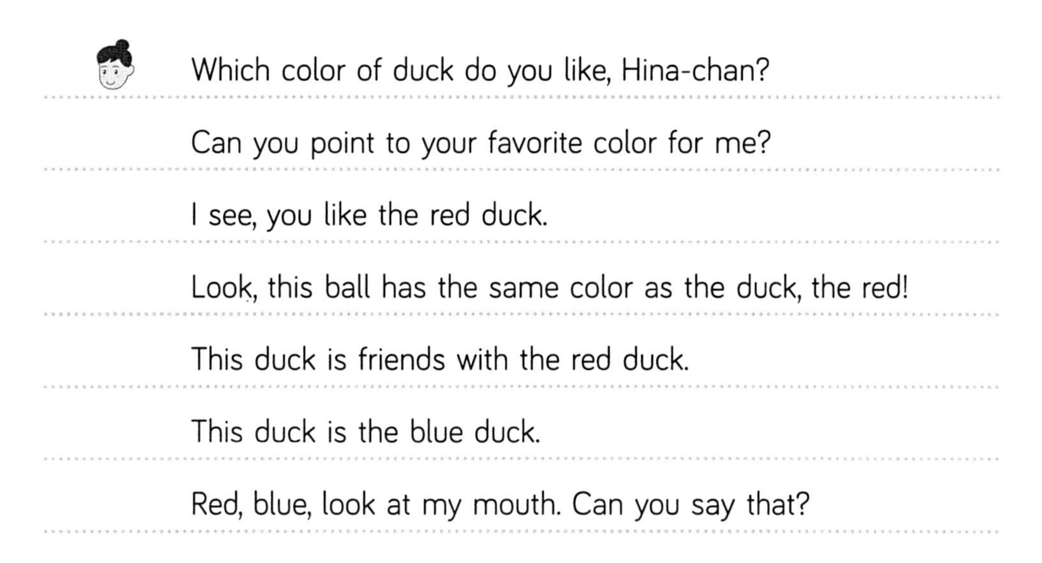

Which color of duck do you like, Hina-chan?

Can you point to your favorite color for me?

I see, you like the red duck.

Look, this ball has the same color as the duck, the red!

This duck is friends with the red duck.

This duck is the blue duck.

Red, blue, look at my mouth. Can you say that?

Point 1 "Which color of duck do you like?" （どの色のアヒルが好きかな。）

Which color of ～ do you like? は「どの色の ～ が好きか」という意味です。

また、似た表現としては Which color do you like? があり、「どの色が好きですか」という意味で、よく出る表現です。

Point 2 "This ball has the same color." （このボールの色も同じだね。）

I'm looking for a ball in the same color as this one.

（これと同じ色のボールを探しています。）

のように the same ~ as を使って表現することが出来ます。

おいちいねー

ひなちゃん、お腹空いたかな？

食事にしましょうね。

はい、お席に座りましょう。

エプロンをしてね。

今日は、なにかな？

大根とお野菜の煮つけだね。

はい、あーんして。

おいちいねー。

お口の中でモグモグしてね？

先生をみて。こうやって、もぐもぐするのよ。

Vocabulary

おいしい yummy

Yummy!

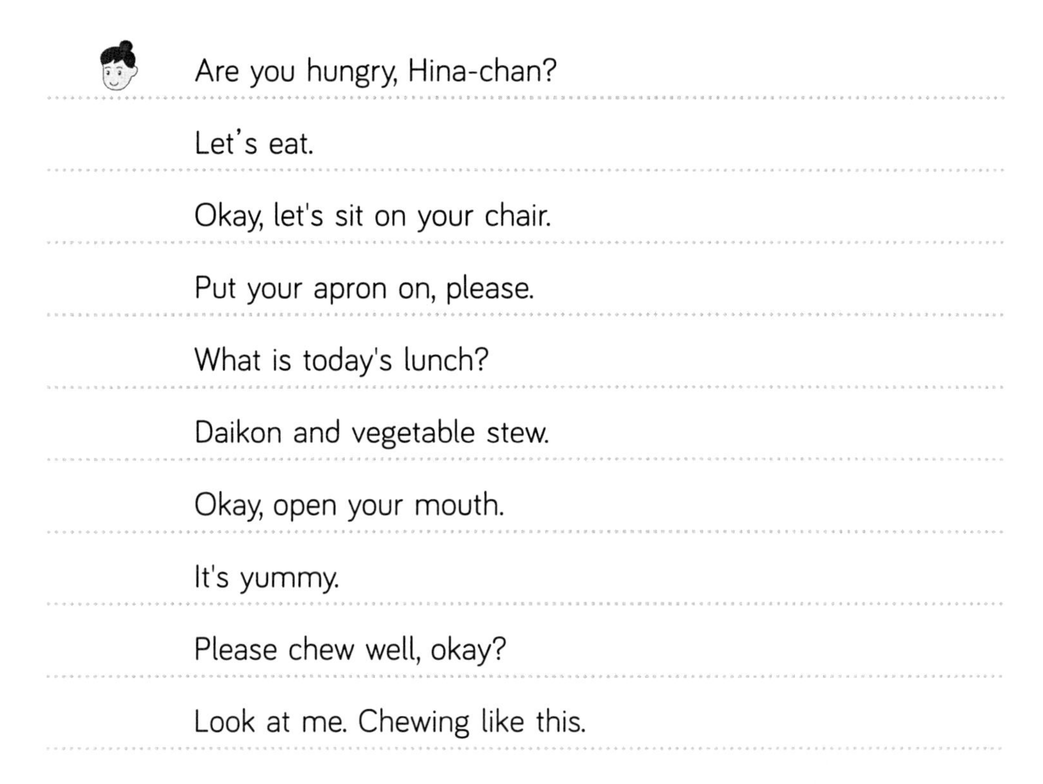

Are you hungry, Hina-chan?

Let’s eat.

Okay, let's sit on your chair.

Put your apron on, please.

What is today's lunch?

Daikon and vegetable stew.

Okay, open your mouth.

It's yummy.

Please chew well, okay?

Look at me. Chewing like this.

Point 1　“Put your apron on, please.”　（エプロンをしてね。）

put on は「(衣類)を着る・身につける」という意味です。

put on のような動詞句の場合，目的語が具体的な名詞のときと代名詞のときでは，語順が違います。

- 目的語が具体的な名詞のとき：<動詞＋前置詞＋目的語の具体的な名詞>の語順
- 目的語が代名詞 it, them などのとき：<動詞＋目的語の代名詞＋前置詞>の語順

[例]

put on ～　　(～を着る，身につける)

Put on your jacket.　　(上着を着てください)

Put it on.　　(それを着てください)

また、put on の反対語は、take off です。

レシピを教えます

ひなちゃんの迎えにきました。

ひなちゃん、ママがきたよ。そうかー。うれしいよね！
離乳食もだいぶお口の中に入れられるようになりましたよ。

家だと、お兄ちゃんが食べてるのが気になって、もぐもぐしないんですよ。

ひろし君に、ひなちゃんと一緒にモグモグしてもらったらいかがですか？

ひろし君は優しいから、きっとお手伝いしてくれますよ。

そうですね。言ってみようかしら。

今日は、大根の煮つけでした。大根は、食感がやわらかいのでこの時期にはおすすめです。

有難うございます。（昨夜は）白身魚の西京焼きでしたが、すぐに飲み込んでしまいました。

Vocabulary

つぶす smash　**離乳食** baby food　**優しい** kind

舌 tongue　**飲み込む** swallow

I'll Tell You the Recipe

Hi. I came to pick up Hina.

Hina-chan, your mommy is here. I see, you are happy!

She was able to put baby food in her mouth today.

She gets distracted by her brother while she's eating at home and , so she forgets to chew.

Why don't you ask Hiroshi-kun to chew together with Hina-chan?

Hiroshi-kun is a good boy, so he would be happy to help.

That's a good idea. I'll try to ask him.

Today's lunch was daikon stew. Daikon has a soft texture so I recommend this during this stage.

Thank you. She had Miso marinated white fish (last night) but she swallowed it right away.

Point 1　"Why don't you ask Hiroshi-kun to chew with Hina-chan?"（ひろしくんにひなちゃんと一緒にもぐもぐしてもらったらどうですか。）

Why don't you～？は「～してはどうですか」と相手に提案する意味合いを持ちます。

Point 2

Up and down（上下）　　Feed（食べ物を与える）
Baby food（離乳食）は weaning food とも呼ばれます。

Point 3　"She forgets to chew."（モグモグしないんですよ。[噛むことを忘れる。]）

forget to V（～することを忘れる）　forget V ing（～したことを忘れる）

forget の後に動名詞、to不定詞が来るのとでは意味が変わりますので注意しましょう。

一般に to不定詞は「これからすること」という未来性を帯び，動名詞は「今していること」という現在性や「前にしたこと」という過去性を帯びています。

フクロウ博士のやってみよう ⑩

色々な表現を使ってみましょう。

正解したら☑

		学習直後	検定直前
いつまで待てますか？ [ ][ ] can you wait?	How long	□	□
長さはどれくらいですか？ [ ][ ] is it?	How long	□	□
つかまり立ちできるかな？ Can you [ ] yourself [ ]?	pull up	□	□
どの色のTシャツが好きかな？ [ ][ ] of T-shirt do you like?	Which color	□	□
上着を着てください。 [ ][ ] your jacket.	Put on	□	□
それを着てください。 [ ][ ][ ].	Put it on	□	□
上着を脱いでください。 [ ][ ] your jacket.	Take off	□	□
すわったらどうですか？ [ ][ ][ ] sit down?	Why don't you	□	□

知っとこ ⑩

絵の具遊びで使える道具　　Painting tools for children

園児に絵具を使って絵を描かせるときによく使われるのは「筆」です。

「筆」以外にも様々な道具を使って創造力を養ってみましょう！

Paint brushes are the most common way to paint, but should not be the only way!

このようなおもしろいものを使ってみましょう。

You can use many fun objects like;

sticks	スティック
stamps	スタンプ
feathers	羽
rollers	ローラー
potato stamps	ジャガイモスタンプ（野菜スタンプ）
bubble wrap	緩衝材（プチプチシート）
droppers	スポイト
sponges	スポンジ
squeeze bottles	しぼりだし器
string	ひも

モグモグ期の離乳食　煮物のレシピ

材料
・白菜:葉の部分を2～3枚
・大根:5mm程度の輪切りを1～2枚
・鶏そぼろ:小さじ1
・出汁:大さじ2

作り方
1. 沸騰したお湯で白菜と大根を煮て細かく切る
2. 鍋に出汁を入れ、大根と白菜と鶏そぼろを入れて、一煮立ちしたら完成

耐熱容器に入れてレンジで600w1分加熱してもOKですよ。

Vocabulary

エプロン apron　献立 menu　野菜 vegetable　材料 ingredients
小さじ tsp　大さじ spoon　鍋 pot　鶏そぼろ minced chicken
電子レンジ microwave　大根 daikon　温める heat up
白菜 Chinese cabbage　出汁 soup stock

Monday ① Boiled

Ingredients
*Chinese Napa cabbage: two to three leaves
*Daikon: one to two slices, cut round into 5mm
*Minced Chicken: 1 tsp
*Soup stock: 2 tbsp

Cooking Instructions:

1. Put the napa Chinese cabbage leaves and sliced daikon in boiled water and cook until soft. Then cut into small pieces.
2. Put soup stock in a pot. Add cooked vegetables and minced chicken and heat up.

You can also put these ingredients in a microwave-safe container and heat at 600w for one minute.

第11章　音楽発表会

Chapter 11　School Concert

シーン1	発表会の準備	Concert Practice
シーン2	発表会の役割を決めよう	Choosing Instruments for the Concert

発表会の準備

もうすぐ、園での最後の発表会ですね。

毎年、年長クラスの演奏を聞いて、大変上手なことにおうちの方もびっくりしています。

今年も、びっくりさせちゃいましょうね！

今年は、この曲を演奏しますよ。みんなが良く知っている曲です。

（CD ♪）

あ！宇宙戦艦ヤマトだ！

そうですね。どんな音が聞こえるか、言ってみてくれますか？

太鼓、それに何だろう？

なんか、バンバンバンとぶつかる音みたいなのが聞こえるよ。

ドラムとシンバルです。では、実物を見てみましょうね。

すごーい！かっこいい！

Vocabulary

発表会 concert　**ドラム** drum　**シンバル** cymbal

太鼓 Japanese drum　**かっこいい** cool　**音** sound

Concert Practice

The last school's concert day is coming up soon.

Every year, when the parents watch the senior class's performance, they are so surprised at how well the children can do.

Let's surprise them again this year!

We are going to play this song. You will all know this song well.

（CD ♪）

Oh, it's the song about the space ship Yamato!

That's right. Can you tell me what kind of sound you hear?

A Japanese taiko drum, and what else?

I hear a bang and something crashing.

Those are drums and a crash cymbal. Okay, let's see the real instruments here.

Wow! Those are so cool!

Point 1 "What kind of sound" （どんな音）

kind of ～ で「～ の種類」という意味を表します。

「～」には名詞が入ります。

例： What kind of job（どんな仕事）

What kind of person（どんな人）

What kind of animal（どんな動物）

発表会の役割を決めよう

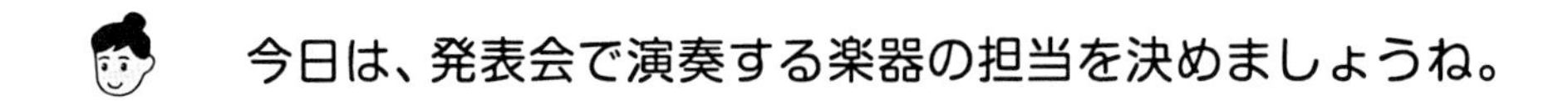

今日は、発表会で演奏する楽器の担当を決めましょうね。

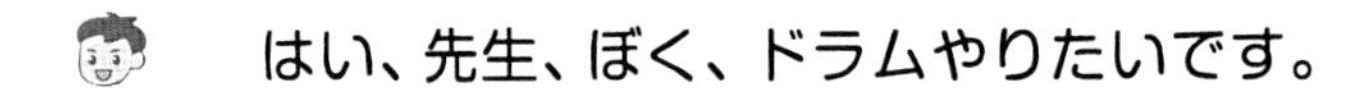

はい、先生、ぼく、ドラムやりたいです。

ごめんね、こういち君。ドラムは、やったことがないとちょっと難しいかもしれないわね。

残念だけど、発表会まであんまり練習の時間がないの。

ドラムは習っている人にやってもらいます。

太鼓が1名、木琴が3名、シンバルが1名で、ほかの人は鍵盤付きハーモニカをやってもらいますね。

では、今日からこの鍵盤付きハーモニカが弾けるように練習します。

まず、机の上に吹き口を左にして、鍵盤付きハーモニカをおいてください。

Vocabulary

決める decide　**残念だけど** I'm sorry　**木琴** xylophone
鍵盤付きハーモニカ melodica　**拭き口** mouthpiece

Choosing Instruments for the Concert

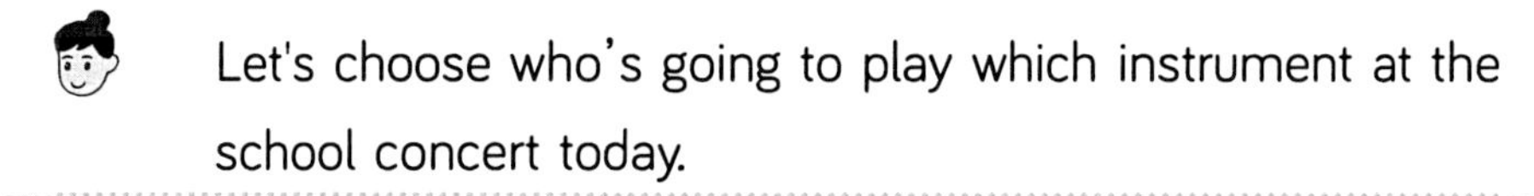

Let's choose who's going to play which instrument at the school concert today.

Sensei, I want to play the drum.

Sorry, Kouichi-kun. It will be a little difficult to play the drum if you haven't played it before.

It's too bad, but we don't have enough time to practice before the concert.

I'll ask a student who has taken drum lessons this time.

So, I need one for Japanese drum, three for the xylophone, one for crash cymbal and the rest will be playing the melodica.

Today, we are going to practice the melodica.

First, put the melodica on your desk and place a mouthpiece to the left.

Point 1 "Play the drum" （ドラムをたたく）

play the ～ の ～ には、楽器が入ります。楽器の前には必ず the を入れましょう。

Point 2 "We don't have enough time to practice before the concert"（発表会まであまり時間がないの。）

enough は十分という意味で、not enough time to V は、「Vする十分な時間がない」という意味です。

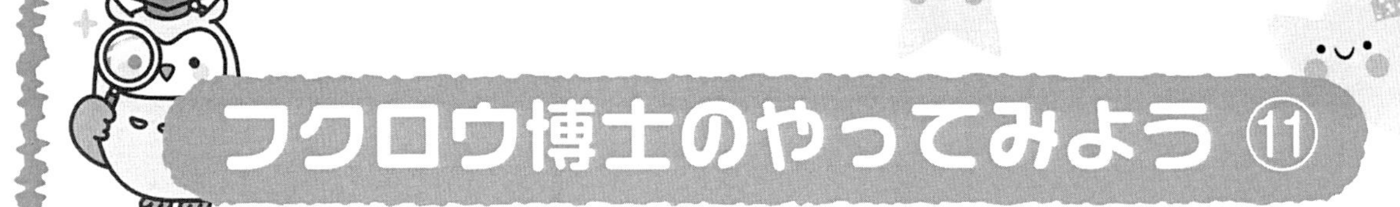

この章に出てきた表現を使ってみましょう。

正解したら☑

問題	答え	学習直後	検定直前
どんな人？ [ ][ ][ ] person?	What kind of	□	□
ピアノを弾く。 [ ][ ] piano.	Play the	□	□
練習する時間があまりありません。 We don't have[ ][ ][ ] practice.	enough time to	□	□
どの部分が一番気に入った？ [ ][ ] did you like the best?	Which part	□	□

文法

① 名詞

日本語では、名詞そのものには単数、複数の区別がないのが原則です。一方、英語には、①数えられる名詞と②数えられない名詞があります。数えられる名詞は単数形、複数形の区別があり (用法は下記２「 冠詞」、下記３「数えられる名詞の複数形の作り方」の説明を参照)、数えられない名詞は原則として単数形で不定冠詞はつけないで用います。

① 数えられる名詞	② 数えられない名詞
単数形 → 複数形	原則として単数形
book → books box → boxes city → cities man → men	water （物質名詞） music （抽象名詞） Japan （固有名詞）

② 冠詞

「a」,「an」,「the」を冠詞といい、①数えられる名詞を単数形で用いる場合、いずれかが名詞の前につきます。「a」,「an」は不定冠詞、「the」は定冠詞と呼びます。

- **a / an** 原則、その後に続く名詞が単純に可算名詞で単数形である場合に用います。

a と an の用い方の区別

an ア、イ、ウ、エ、オで始まる発音をする名詞 (単語のスペルは関係ありません)、例えば「hour（時間）」(アワーと発音)、「apple(リンゴ)」(アップルと発音)の場合に用います。

a それ以外の名詞（例えば、chair、book 等）に付けます。

● **the** 特定のものを指す場合や、会話文中で、１回目 a / an が付いて出てきた名詞の２回目以降登場してきた場合に付けます。

例：the sun(太陽), the moon(月)

例：A 君：I have a book.

　B 君：Is the book interesting?

※ なお、「the」は、「特定のもの」につける冠詞なので、数えられない名詞や名詞の複数形の場合にも付けることがあります。（他にも、文法上はいろいろな用法がありますが、３級では触れません。）

③ 数えられる名詞の複数形の作り方

複数形の作り方には、規則変化と不規則変化があります。

規則変化	①語尾にsをつける		（例）book → books （例）egg → eggs
	②語尾にesをつける	原則 s,ch,sh, x で終わる単語	（例）bus → buses
	③語尾を変化させせる	子音+y で終わる単語	（例）lady → ladies
		- f、feで終わる単語	（例）knife → knives
不規則変化	④ 単語の母音を変化させる		（例）man → men foot → feet
	⑤単複同じで変化しない		（例）sheep → sheep

④ 代名詞

名詞の代わりとして使える語を代名詞と言い、主に人を対象にする「人称代名詞」、それ以外の「不定代名詞」があります。人称代名詞は、使い方によって、3つの「格」があります。難しく聞こえますが、日本語の場合と変わりません。日本語で言うと、

（主格）（目的格）（所有格）
私は　彼を　私の家に　呼びました。

● 主格代名詞：「～は」の意味で、主語になる代名詞

	単数	複数
自分(達)	I (私は)	we (私達は)
相手方	you (あなたは)	you (あなた達は)
自分(達)、相手方以外の第三者	he (彼は)	they (彼らは)
	she (彼女は)	they (彼女らは)
	it (それは)	they (それらは)

● 所有格代名詞：「～の」の意味で、所有を表し、後ろに名詞がつく代名詞

	単数	複数
自分(達)	my (私の)	our (私達の)
相手方	your（あなたの）	your (あなた達の)
自分(達)、相手方以外の第三者	his（彼の）	their (彼らの)
	her（彼女の）	their (彼女らの)
	its（それらの）	their (それらの)

● 目的格代名詞：「～を」の意味で、目的語になる代名詞

	単数	複数
自分(達)	me（私を）	us (私達を)
相手方	you (あなたを)	you (あなた達を)
自分(達)、相手方以外の第三者	him (彼を)	them (彼らを)
	her (彼女を)	them (彼女らを)
	it（それを）	them (それらを)

⑤ 動詞

文章の述部を構成する動詞は、英語では大きく、二つに分類されます。「状態を表わす be 動詞」と「動作を表わす一般動詞」です。「be 動詞」は、主語の種類と単数か複数かによって、「一般動詞」は主語が自分（達）、相手以外の第三者の時のみ形が異なります。

	be 動詞		一般動詞	
	単数	複数	単数	複数
自分(達)	am	are	原形 (例: go)	原形 (例: go)
相手方	are	are	原形 (例: go)	原形 (例: go)
自分（達）、相手方以外の第三者	is	are	原形＋s またはes (例: goes)、haveはhasに変化	原形 (例: go)

※この表は､｢現在の時制｣の表です。ほかに過去や未来の時制での動詞の形はこの表と異なりますが、この点は後で勉強します。ここでは､｢彼、彼女等の第三者単数｣の場合、一般動詞は、原形に s または es が付くこと及び｢have｣(持つ)は｢has｣に変化することを覚えておきましょう(重要！)。

⑥ 英語の文の構造

日本語と英語の一番異なるところは、文の構造=語順が違う点です。
日本語の 「私は(主語S)+本を(目的語O)+読む(動詞V)」は、
英語では 「私は(S)+読む(V)+本を(O)」の語順になります。

同様に、「彼女は美しいです」は英語では、「彼女は(S)+です(V)+美しい(C)」の語順に、「彼は私に本をくれました」は英語では、「彼は(S)+くれました(V)+私に(O)+本を(O)」の語順になります。

第1文型 S + V	例: I laugh. (私は笑う)
第2文型 S + V + C	例: She is beautiful. (彼女は美しい)
第3文型 S + V + O	例: Hanako has a book. (花子は本を持っている)
第4文型 S + V + O + O	例: Tom gives her an apple. (トムは彼女にリンゴを一個あげます)
第5文型 S + V + O + C	例: The news makes them happy. (そのニュースは彼らを幸せにする)

主語(S)=名詞または代名詞
目的語(O)=名詞または代名詞
補語(C)=名詞または代名詞または形容詞
上記の第2文型の例では、beautiful は形容詞です。

⑦ 疑問文1

「～ですか？」と質問する文章です。英語では、通常の文章（肯定文）の文頭と文末を変化させて表します。

<table>
<tr><th>be 動詞の文章の場合</th><th>一般動詞の文章の場合</th></tr>
<tr><td colspan="2">疑問文の作り方</td></tr>
<tr><td>be動詞そのものを文頭に持ってきて、文末に「？」を付けます。

例：She is cute. → Is she cute?</td><td>文頭に「Do」をつけ、文末に「？」を付けます。主語が三人称単数の場合はDoesをつけて文章の中の動詞(V)を原形にして、文末に「？」を付けます。

例1：You read a book. → Do you read a book?

例2：He reads a book. → Does he read a book?</td></tr>
<tr><td colspan="2">質問への答え方</td></tr>
<tr><td>「はい」 → Yes, 主語 + be動詞

「いいえ」 → No, 主語 + be動詞 + not</td><td>「はい」 → Yes, 主語 + do (does).

「いいえ」 → No, 主語 + do not (does not).</td></tr>
</table>

⑧ 疑問文２

文章の一部を尋ねる場合に使うのが、疑問詞です。疑問詞には、尋ねる内容によって、7 種類あります。しっかり覚えましょう。

疑問詞の種類

what	(何が、何を)
who	(誰が、誰を)
which	(どちらが、どちらを)
where	(どこで)
when	(いつ)
why	(なぜ)
how	(どうやって)

疑問詞の位置

疑問詞は、尋ねたい内容を指していますから原則として文頭にきます。

疑問詞を含む文章の特色

① 疑問詞の性質によって、語順や構成が異なります。

② 全ての疑問詞に共通する点があります。

- 質問への答えが、[Yes], 「No」ではないこと
- 文末に「？」がつくこと
- 文末の発音が原則として下がること

③ 疑問詞の種類によって、用法が共通する場合もあります。

i) what, who, which

・主語となる（主語を尋ねる）場合、三人称単数扱いです。
・目的語となる場合は、疑問詞の後の語順は原則として通常の疑問文の語順です。

	what （何が、何を）の場合	Which （どちらが、どちらを）の場合	who （誰が、誰を）の場合
主　語	What happens to him? (彼に何が起こってますか？)	Which is your bike? (どちらがあなたのバイクですか?)	Who cooks lunch? (誰が昼食を作りますか？)
目的語	What do you buy? (何を買いますか？)	Which do you like A or B? (A・Bどちらが好きですか？)	Who do you eat with? (誰と一緒に食事をするの？)

ii) where, when, why, how

疑問詞の後の語順は 原則として、通常の疑問文の語順になります。

Where are you from?　(ご出身はどちらですか？)
When does the bus come?　(バスはいつ来ますか？)
Why did he go there?　(なぜ彼はそこに行ったの？)
How did they come?　(彼らはどうやって来たの ?)

⑨ 否定文

「～しません。」と否定する文章です。英語では、通常の文章（肯定文）否定を示す単語を追加して表します。

be 動詞の文章の場合	一般動詞の文章の場合
be動詞の後ろにnotをつけます。 ● am not, are not, is not are, is の場合は短縮形のaren't, isn't もよく使います。 例：You are young. → You are not young. (You aren't young.)	動詞の前に「do not」を付けます。 主語が三人称単数の場合は、動詞の前に「does not」を付け，動詞を原形にします。 短縮形のdon't, doesn'tを通常使います。 例1: You read a book.→You don't read a book. 例2：He reads a book.→He doesn't read a book.

⑩ 感嘆文

「なんと～なことか！」と喜び、悲しみ、驚きなどの感情を表わす文章です。文頭と文末を変化させて表します。

感嘆詞「what」を用いる文章	感嘆詞「how」を用いる文章
What+a/an+形容詞+名詞(単数形)+主語(S)+動詞(V)＋! 例：She is a cute girl. → What a cute girl she is!	How+形容詞/副詞+主語(S) +動詞(V)＋! 例：She is cute. → How cute she is!

尚、日常会話では、上記の完全な形での感嘆文ではなく、省略形がよく使われます。
例：What a surprise ！(ああ、びっくりした！)｜　例：How rude ！(なんと失礼な！)

⑪ 命令形

相手 (you) に対して「～しなさい」とか「～してはならない」､「～してください」等の命令、希望、依頼を表す文章です。原則、主語を省略して、動詞の原形から始めます。文末はピリオドで終わるか、感嘆符 (!) をつけます。be 動詞の場合もこのルールに従います。

例：Open the door. (ドアを開けなさい)
例：Don't open the door. (ドアを開けないで)
例：Please open the door.（ドアを開けてください）

⑫ 時制

今までは現在の時制だけを扱ってきましたが、ここでは過去や未来の時制についても扱います。
(1)「〜だった」という過去の時制は動詞の変化によって、
(2)「〜だろう」という未来の時制は「未来を表す助動詞」+「動詞の原形」もしくは「be going to」+「動詞の原形」を用いて表します。

(1) 過去の時制における動詞の変化			
be動詞	一般動詞		
am → was	規則変化	①語尾+ed	call → called
are → were		②語尾+d	use → used
is → was		③語尾が変化	cry → cried
		④語尾重ね	stop → stopped
	不規則変化	do → did see → saw come → came	

(2) 未来の時制の表し方	
will+動詞の原形 (〜するだろう) 例: You will be late. (遅刻するでしょう)	「be going to」+動詞の原形 (〜するつもりだ) 例: He is going to swim. (彼は泳ぐつもりだ)
疑問文の作り方	
willを文頭に出し文末に「?」をつけます。 例: Will you be late?	be going to のbeの部分を文頭に出し、文末に「?」を付けます。 例: Is he going to swim?
否定文の作り方	
will の後に not を付けます。短縮形 won't をよく使います。 例: You won't be late.	be going to の be の後に not を付け加えます。短縮形は 8 章の be 動詞の否定の場合と同じです。 例: He is not going to swim.

⑬ 助動詞

動詞の前について、文章に特殊な意味を持せるのが助動詞です。助動詞のあとにつく動詞は原形です。否定文は、助動詞＋not, 疑問文は助動詞を文頭にもってきて作ります。

● 助動詞の種類

(1) can	「can＋動詞の原形」で「～できる」(可能)「～してもよい」(許可)という意味を表します。否定形は cannot (短縮形はcan't) です。 例: She can't ski well. (彼女はあまり上手にスキーができない。) 例: Can I watch TV? (テレビを見てもいいですか。)
(2) may	「may＋動詞の原形」で「～してもよい」(許可)「～かもしれない」(推量)という意味を表します。否定形は may not (短縮形はありません)です。 例: May I watch TV? (テレビを見てもよろしいですか。) ※上記の「Can I watch TV?」よりも丁寧な表現です。 例: He may come here. (彼はここに来るかもしれない。)
(3) must	「must＋動詞の原形」で「～しなければならない」(義務)、「must not＋動詞の原形」で「～してはいけない」(禁止)という意味を表します。否定形はmust not (短縮形はありません) です。 例: He must wash the dishes. (彼は皿を洗わなければならない。) 例: You must not go outside. (外に出てはいけません。)
(4) shall	shallは通常疑問文で使われ、「Shall I＋動詞の原形？」で「～しましょうか？」(申し出)、「Shall we＋動詞の原形？」で「～しませんか？」(提案)という意味を表します。否定形はshall not (短縮形はありません) です。 例: Shall I call a taxi? (タクシーを呼びましょうか。) 例; Shall we dance? (踊りませんか。)
(5) should	「should＋動詞の原形」で「～すべきである」(義務・必要)という意味を表します。否定形はshould (短縮形はshouldn't) です。 例: He should go home. (彼は家に帰るべきだ。) 例: You shouldn't do that (そんなことすべきではない。)

⑭ 接続詞

語と語、句と句、節と節を結び付ける役割を持つのが接続詞です。

● よく使う接続詞

① and	「～and…」で「～と…」「～、そして…」という意味を表します。
② but	「～but…」で「～だが…」「～、しかし…」という意味を表します。
③ or	「～or…」で「～か…」「～それとも…」という意味を表します。
④ so	「～so…」で「～、それで…」「～、だから…」という意味を表します。
⑤ when	「～when…」で「…のとき、～」という意味を表します。
⑥ because	「～because…」で「…だから～」という意味を表します。
⑦ if	「～if…」で「もし…、～」という意味を表します。
⑧ until	「～until…」で「…まで、～」という意味を表します。
⑨ after	「～after…」で「…の後、～」という意味を表します。
⑩ before	「～before…」で「…の前に、～」という意味を表します。

⑮ 前置詞

名詞・代名詞等の前につけて、1つのまとまった意味の句をつくる語が前置詞です。

① 場所や方向を表す前置詞

(1) 上下	on ～の上に,～に接して　under ～の下に　in ～の中に
(2) 地点	at ～で　in ～で ※ at は狭い場所を、inは広い場所を表す。
(3) 起点、到着点	from ～から　to ～へ
(4) その他	into ～の中に　out of ～から外へ

② 時を表す前置詞

(1) 曜日・時刻・年月日	at ～に ※時刻や時の一点を表す on ～に ※日や曜日と特定の日の午前・午後を表す in ～に ※年・季節・月・週を表す
(2) 期間	for ～の間　during ～の間じゅう
(3) 時の前後	after ～の後　before ～の前
(4) 時の起点や期限	from ～から　since ～以来　by～ ～までに until ～まで　within ～までに以内に

③ その他

(1)手段・方法	with ～を使って　by ～によって、～で
(2)その他	with ～と一緒に　without ～なしで　for ～のために about ～について

インフォメーション

検定内容・申込に関するご案内

検定日、級別レベル、出題範囲、受検方法、受検料、支払い方法など本検定に関する情報及び受検申込みについては、不定期に変更・追加となるため、本書ではご案内を掲載しておりません。
詳細については当協会幼保ホームページ https://www.youhoeigo.com でご確認ください。

幼保英語検定

教材のご紹介とご案内

本検定向けの各種学習教材は、㈱ブックフォレより出版、販売を行っております。
当協会からの直接の購入はできません。各種学習教材に関しては、
出版元の（株）ブックフォレよりご案内、ご紹介をしております。
㈱ブックフォレのホームページ https://bookfore.co.jpでご確認ください。

㈱ブックフォレ

オンライン学習ツールのご案内

単語学習につきましては、㈱mikanの専用アプリをご活用ください。

App Store: 「英単語アプリ mikan」をApp Storeで (apple.com)
Google Play: 【mikan】幼保英語検定単語帳アプリ

App Store

オンライン授業用ツール及び自宅学習用ツールとしてオンデマンド講座を開講しています。オンデマンド講座に関する詳しい内容は、主催一般社団法人国際子育て人材支　　援機構(OBP) ホームページ www.obp.academyをご覧ください。

Google Play

OBP

資格カードの発行について

検定合格後、合格証以外にご希望の方には合格を証明する幼保英語士資格証を発行しています。カード形式で携帯がすることができ、身分証明書としての利用も可能です。資格証申請方法など詳しくは 幼保ホームページをご覧ください。

資格証について

幼保英語を活かした活躍について

国内及び海外での活躍の場を国際子育て人材エージェンシーでご相談を受付けております。
詳細につきましては、同社ホームページ http://www.obpjob.comをご覧ください。

OBP JOB

TAIP 推薦状

推薦にあたって
インターナショナルプリスクール協会(TAIP)
ごあいさつ

The Tokyo Association of International Preschools (TAIP) is a group of preschools that work together to bring professional development events and publicity to the international early childhood education community in Japan. Our organization continues to evolve with each passing year, bringing both traditional and forward-thinking methods of learning and promotion to all our members.

The organization was founded in 2005 under the motto "Preschool for Preschoolers," and now includes dozens of schools of all shapes and sizes. Many are in the greater Kanto area but others are farther away, as we continue to grow to help early childhood educators throughout Japan.

TAIP strongly supports the work of Youho Eigo Kentei as a valuable contribution to the future of Japanese education and to Japanese society at large. We will continue to back their efforts in the future.

Moving forward we will carefully consider the needs of our international members as their relevance continues to grow within the Japanese early childhood education community.

We encourage you to check our website (https://www.tokyopreschools.org/) for more information, including membership options and upcoming events.

Tokyo Association of International Preschools Board of Directors

TAIP Homepage

幼児教育・保育英語検定 3級テキスト

2022年3月20日第二版第3刷

著　者　　一般社団法人　幼児教育・保育英語検定協会

発行所　　一般社団法人　幼児教育・保育英語検定協会
〒153-0061　東京都目黒区中目黒3-6-2
TEL 03-5725-3224　FAX 03-6452-4148　http://www.youhoeigo.com

発売所　　BOOKFORE 株式会社　ブックフォレ
〒224-0003　神奈川県横浜市都筑区中川中央1-21-3-2F
TEL 045-910-1020　FAX 045-910-1040
http://www.bookfore.co.jp

印刷・製本　　冊子印刷社

ISBN：978-4-909846-44-0